海外の日本語シリーズ 3

サハリン

サハリンに残された日本語樺太方言

朝日祥之 ── 著
真田信治 ── 監修

明治書院

海外の日本語 シリーズ

発刊のことば

　アジア・太平洋地域における日本の旧統治領には、戦前・戦中に日本語を習得し、現在もその日本語能力を維持・運用する人々がまだ多数存在する。日本が撤退して数十年が経過したが、現在これらの地域に居住するかつての日本語学習者はどのような種類の日本語を使っているのか。これは、言語の習得・維持・消滅にかかわる研究に幅広く貢献するはずの課題である。

　そのような見地から、現在、人間文化研究機構国立国語研究所（NINJAL）での共同研究プロジェクト（基幹型）「日本語変種とクレオールの形成過程」（プロジェクトリーダー：真田信治）を進行させているところである。

　本シリーズは、このプロジェクト（略称「海外の日本語変種」）の基盤とする、これまでの個々の調査研究の成果を出版していくものである。台湾やミクロネシアでの、母語を異にする人々の間で日本語はリンガフランカとして長く用いられてきた。これまでのフィールドワークの結果、これらの地域で話される日本語には言語としての合理化（単純化）が進んでいることが明らかになった。また、現地語からの転移がそれぞれの日本語を彩っている。なお、当時、現地に居住していた母語話者の出身地とのかかわりもあって、台湾での日本語は九州方言の影響を受け、マリアナ諸島での日本語は沖縄のことばの影響を受け、またサハリンでの日本語は北海道方言の影響を受けていることがわかった。ただし、話者たちの日本語能力には各地域ともに著しい個人差も存在する。本シリーズの各書は、そのような実態を詳細に記述している。

　大方の御批判を仰ぐものである。

2011年6月

　　　　　　　　　　　　　　　　　　国立国語研究所客員教授　真田　信治

目　次

　　発刊のことば
　　はじめに ………………………………………………………………9

第1章　サハリンの概要 …………………………………………11
　1.1　はじめに ……………………………………………………11
　1.2　位置 …………………………………………………………11
　1.3　地勢 …………………………………………………………11
　1.4　人口 …………………………………………………………12
　1.5　民族構成 ……………………………………………………13
　1.6　使用言語 ……………………………………………………14
　1.7　サハリンへのアクセス ……………………………………15

第2章　サハリンの言語接触史における日本語の位置付け …17
　2.1　はじめに ……………………………………………………17
　2.2　サハリンにおける言語接触の変遷 ………………………17
　2.3　サハリン先住民の時代 ……………………………………18
　2.4　周辺諸国との交流の時代 …………………………………21
　　2.4.1　中国との交流の時代 …………………………………21
　　2.4.2　日本との交流の時代 …………………………………23
　　2.4.3　ロシアとの交流の時代 ………………………………25
　2.5　日本領サハリン（樺太）の時代 …………………………27
　　2.5.1　日本人を対象にした学校教育 ………………………29
　　2.5.2　日本人以外の人々を対象にした学校教育 …………29
　2.6　ロシア領サハリンの時代 …………………………………33

目次

2.7　おわりに……………………………………………………36

第3章　サハリンの日本語を記録・保存するための調査……37

3.1　はじめに………………………………………………………37
3.2　フィールドワークの前にすること…………………………38
　3.2.1　言語研究としてのフィールドワーク…………………38
　3.2.2　「危機言語」を対象とする場合のフィールドワーク……39
　3.2.3　コミュニティから見たフィールドワーク……………40
　3.2.4　話者とフィールドワーカー……………………………41
3.3　フィールドワークですること………………………………42
　3.3.1　言語研究としての問題設定とコミュニティへの貢献……42
　3.3.2　コミュニティに関する情報収集………………………43
　3.3.3　コミュニティへのアプローチ…………………………44
　3.3.4　調査設計…………………………………………………45
　3.3.5　調査で使う言語…………………………………………46
3.4　フィールドワークの後にすること…………………………48
　3.4.1　データ整理・整備………………………………………48
　3.4.2　コミュニティへの還元…………………………………49
　3.4.3　調査データの継承………………………………………50
　3.4.4　研究成果の公表活動……………………………………50
3.5　おわりに………………………………………………………51

第4章　サハリンに生まれた日本語の接触方言……53

4.1　はじめに………………………………………………………53
4.2　樺太方言が形成された背景…………………………………53
4.3　樺太方言に見られる言語的特徴……………………………54
　4.3.1　アクセント………………………………………………54
　4.3.2　音声………………………………………………………56

4.3.3　形態 ………………………………………………………57
　　　4.3.4　語彙 ………………………………………………………59
　4.4　言語行動に見られる特徴 ……………………………………62
　4.5　今後の展望 ……………………………………………………63
　4.6　おわりに ………………………………………………………64

第5章　ポロナイスク（敷香町）における言語接触 ……………65

　5.1　はじめに ………………………………………………………65
　5.2　概要 ……………………………………………………………65
　　　5.2.1　地名 ………………………………………………………65
　　　5.2.2　位置 ………………………………………………………66
　　　5.2.3　人口 ………………………………………………………67
　5.3　日本領有時代より前の時期における言語状況 ……………68
　5.4　日本領有時代における言語状況 ……………………………71
　　　5.4.1　多言語社会としての敷香町 ……………………………71
　　　5.4.2　敷香教育所における日本語教育 ………………………73
　　　5.4.3　日本名の付与の在り方 …………………………………76
　　　5.4.4　日本領有時代における言語状況のまとめ ……………78
　5.5　日本領有時代以後における言語状況 ………………………78
　　　5.5.1　戦後直後の日本語教育 …………………………………78
　　　5.5.2　1990年代以降における言語状況 ………………………79
　　　5.5.3　日本領有時代以後における言語状況のまとめ ………81
　5.6　おわりに ………………………………………………………81

第6章　漁撈語彙に見る言語接触 …………………………………83

　6.1　はじめに ………………………………………………………83
　6.2　海上交易で運ばれる言葉 ……………………………………83
　6.3　サハリンとオホーツク海 ……………………………………84

6.4　サハリンにおける言語接触……………………………………85
　6.5　日本語のサハリン進出……………………………………………86
　　6.5.1　出稼ぎ漁夫が持ち込んだ日本語の方言………………………86
　　6.5.2　出稼ぎ漁夫と現地住民との間で使われたピジン日本語…88
　　6.5.3　出稼ぎ漁夫が現地に残した日本語の方言的特徴…………89
　　6.5.4　現地の言葉からの借用語に見られる特徴……………………91
　6.6　日本人居住者・出稼ぎ労働者と現地住民と言語接触の関係…92
　6.7　おわりに………………………………………………………94

第7章　ウイルタ人の日本語に見られる言語的特徴……………95

　7.1　はじめに………………………………………………………95
　7.2　ウイルタ人日本語話者の日本語に関する先行研究……………95
　7.3　調査概要………………………………………………………97
　　7.3.1　インフォーマント……………………………………………97
　　7.3.2　データ収集法…………………………………………………97
　　7.3.3　調査時期………………………………………………………98
　7.4　分析……………………………………………………………98
　　7.4.1　単語リスト読み上げデータに見られるアクセント………98
　　7.4.2　自然談話資料に出現したアクセントに見られる特徴…102
　7.5　考察のまとめ………………………………………………105
　7.6　おわりに……………………………………………………107

第8章　サハリンにおける「危機言語」と日本語教育………109

　8.1　はじめに……………………………………………………109
　8.2　サハリンにおける日本語・日本語教育……………………109
　8.3　民族ごとに見る教育言語…………………………………110
　　8.3.1　日本領有時代（1905年〜1945年）………………………110
　　8.3.2　ロシア領有時代（1945年以降）……………………………112

8.4　5つの「危機言語」と教育 ………………………………………112
　　　8.4.1　日本語樺太方言 …………………………………………113
　　　8.4.2　朝鮮語樺太方言 …………………………………………114
　　　8.4.3　ウイルタ語とニヴフ語 …………………………………119
　　　8.4.4　アイヌ語 …………………………………………………121
　8.5　日本語教育ならびにロシア語教育に対する評価……………123
　8.6　おわりに …………………………………………………………125

第9章　まとめと今後の展望 ………………………………………………127

　9.1　はじめに …………………………………………………………127
　9.2　本書で明らかになったこと ……………………………………127
　　　9.2.1　サハリンの言語接触史における日本語の位置付け(第2章)
　　　　　　 …………………………………………………………………127
　　　9.2.2　日本語樺太方言の特徴（第3章、第4章、第5章、第6章、
　　　　　　第7章）…………………………………………………128
　　　9.2.3　民族語教育から見た日本語と民族語との関係（第8章）…128
　9.3　今後の課題 ………………………………………………………129
　9.4　海外の日本語研究への展望 ……………………………………130

付録　サハリンでの日本語談話データ ……………………………………133
おわりに …………………………………………………………………………147
参考文献 …………………………………………………………………………149
索引 ………………………………………………………………………………155

はじめに

　本書は、日本の北に位置し、1905年から1945年にかけてその南半分を領有したサハリン（旧樺太）で形成された日本語の接触方言に見られる特徴を、特に現地で生活してきたアイヌ人、ウイルタ人、朝鮮人、ニヴフ人を中心に概説するものである。

　サハリンにはこの40年間、当時の人口の95％が日本人である時代があった。その時期に40万をこえる居住者が生活していた。当地に持ち込まれた日本語方言の接触により、「樺太方言」が形成された。当時の方言を調査した平山 (1957) によれば、当時の樺太方言は北海道方言との共通点が多くみられるとされる。北海道方言の形成と樺太方言の形成が関連している様子が窺えるのである。

　その日本語は第2次世界大戦後、それまでとは異なる歴史を歩むことになる。引き揚げが終了した1950年には、日本人の樺太方言話者のほとんどが現地からいなくなったのである。その一方、南サハリンを日本が領有していた時代に日本語を習得したウイルタ人、朝鮮人、ニヴフ人などは現地での生活を続けた。もちろん、当時、ロシア人を含めた彼らと婚姻関係を持った日本人の多くは、現地で生活してきた。

　ペレストロイカ以降、外国人がサハリンに入れるようになり、日本人を始めとする様々な分野の研究者が現地で調査を実施するようになった。言語学的研究については、1990年以降、樺太アイヌ語、ウイルタ語、朝鮮語、ニヴフ語の調査がなされているが、日本語を扱った研究は著者が現地で調査を開始した2003年まで存在しなかった。その意味でも、本書は現地の日本語の姿を総合的に見つめる試みとして位置付けられるものである。

　本書の目的は、この樺太方言が接触方言であることを示すと同時に、第二言語として（人によっては第一言語として）習得された日本語に見られる特徴について、これまで著者が現地サハリン、そして北海道、東京、韓国で実施してき

た調査研究の成果を活用しながら考察を行うことにある。

　以下、章ごとに論じる内容を概観する。

　第1章では、サハリンの概要を述べる。多くの読者にとって、サハリンはなじみの薄い島であろう。本書が扱うフィールドとしてのサハリンの概況から述べる。

　第2章では、サハリンにおける言語接触状況について通時的な考察を試みる。多民族、多文化社会であるサハリンを取り巻く言語接触史を概説する。

　第3章では、樺太方言の調査データを収集するためのフィールドワークの方法を記す。

　第4章では、樺太方言の特徴を語彙、音声・音韻、形態、アクセントのそれぞれについて要説する。

　第5章では、ポロナイスク（旧敷香）における言語接触状況を、日本領有時代における日本語教育なども含めながら述べる。

　第6章では、漁撈語彙から見たサハリンの言語接触について分析する。

　第7章では、ウイルタ人の日本語に見られる特徴を取り上げる。

　第8章では現在のサハリンにおける少数民族（アイヌ人、ウイルタ人、朝鮮人、ニヴフ人、日本人）を取り巻く民族語教育の現状について述べる。

　第9章では、本書のまとめを行い、今後の検討課題を提示する。また、今後の研究に向けた展望も試みる。

第1章

サハリンの概要

1.1 はじめに

まず、サハリンの概要について、その位置、地勢、歴史、民族構成、主要産業、アクセスに関して述べる。

1.2 位置

サハリンは、図1に示す通り、北海道の北に位置する島である。北緯45度54分と54度24分の間に、東経141度38分、144度50分の間に位置し、その長さは948kmに及ぶ。サハリンの面積は約76,400km^{2}で、北海道の約1.1倍に当たり（在ユジノサハリンスク日本国総領事館2003）、日本海とオホーツク海に挟まれている。北海道の宗谷岬とサハリンの最南端のクリリオン岬までは48km、サハリン島の西側にあるネヴェリスコイ水道と沿海州までは7.2kmである。

図1　サハリンの位置

1.3 地勢

サハリンは南部から中部にかけて山間部が続き、北部は平野が続く島である。サハリン島は亜寒帯気候に属する。そのため、中北部にはツンドラ地帯が続き、シダ植物が多くみられる。針葉樹林も南部から中部にかけて分布する。この気候に属するため、冬には海が凍結する。気温も北部の山間部では、温暖化が進

んでいるため、その状況は変化しているものの、マイナス50度近くなることもあるという。石油や天然ガス、石炭などの天然資源が非常に豊富であるうえ、オホーツク海はカニ・マス・鮭などの宝庫でもある。

1.4 人口

　サハリンの人口をロシア連邦が1989年、2002年、2010年に実施した国勢調査の結果からみてみよう。図2は人口の推移を示したものである。2010年時点の人口は49万7899人であることがわかる。1989年時点では約71万人であったのと比べると、減少傾向にある。

　人口を都市部と農村部に分けてみると、2002年の国勢調査の結果によれば、全体の87％が都市部に居住しており、農村部は13％にすぎない。サハリン州の都市は多くの場合、州南部に集まる傾向にある。したがって、サハリンの居住者はこの地域に多いと言える。

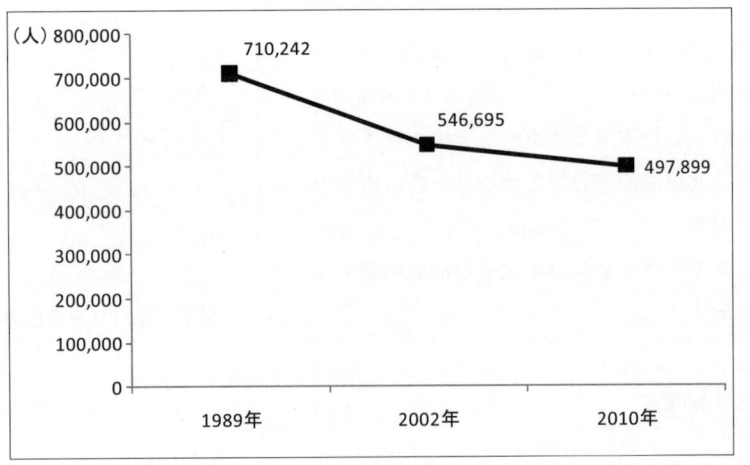

(Statistics of Russia 2002)

図2　サハリン州の人口推移

1.5 民族構成

サハリンは第2章で述べるように、多民族混住の島である。1875年に締結された樺太千島交換条約の締結によってロシア領になるまでは、どの国にも属さない島であった。また、サハリンが沿海州と北海道とをつなぐ中継地点としての役割を果たしていたこともあり、先史時代から民族の移動が多かったのである。この特徴は現在に至るまで続いている。

表1　サハリンの民族構成と人口

	民族名	人口	割合(%)		民族名	人口	割合(%)
1	ロシア人	460778	84.28	26	レギス人	195	0.04
2	朝鮮人	29592	5.41	27	リトアニア人	188	0.03
3	ウクライナ人	21831	3.99	28	チェチェン人	185	0.03
4	タータル人	6830	1.25	29	タジク人	168	0.03
5	ベラルーシ人	5455	1.00	30	コミ＝ペルミャク人	159	0.03
6	モルドヴィア人	2943	0.54	31	ナーナイ人	159	0.03
7	ニヴフ人	2450	0.45	32	アヴァール人	149	0.03
8	チュヴァシ人	1300	0.24	33	ブルガリア人	137	0.03
9	アルメニア人	1144	0.21	34	中国人	131	0.02
10	アゼルバイジャン人	1138	0.21	35	ヤクート人	120	0.02
11	ドイツ人	902	0.16	36	ラトビア人	117	0.02
12	モルドヴィア人	751	0.14	37	ダルギン人	101	0.02
13	バキシール人	586	0.11	38	キルギス人	86	0.02
14	カザフスタン人	554	0.10	39	トルクメン人	86	0.02
15	ポーランド人	485	0.09	40	エストニア人	83	0.02
16	ユダヤ人	401	0.07	41	クムク人	82	0.01
17	日本人	333	0.06	42	ギリシャ人	72	0.01
18	マリエル人	316	0.06	43	ジプシー	72	0.01
19	オセット人	312	0.06	44	ハカス人	70	0.01
20	ウズベキスタン人	298	0.05	45	コサック人	61	0.01
21	ウイルタ人	298	0.05	46	トゥバ人	55	0.01
22	グルジア人	274	0.05	47	ラバルダ人	53	0.01
23	ウドムルト人	273	0.05	48	イングーシ人	51	0.01
24	ベヴェンキ人	243	0.04	49	ラク人	48	0.01
25	ブリヤート人	239	0.04	50	コミ人	46	0.01

現在のサハリンの民族構成は、2002年に実施されたロシア連邦国勢調査によって把握することが可能である（Statistics of Russia 2002）。その結果によると、128の民族が居住していることがわかる。表1は、もっとも居住者数の多い民族の上位50位とその人口をまとめたものである。

表1からもっとも多いのはロシア人であり、その人口も全体の8割に上ることがわかる。これに続くのが、朝鮮人、ウクライナ人である。この3つの民族で人口の9割を超える。この他にある100以上の民族はサハリン州の人口の1％にも満たない。なお、その中でサハリンにもっとも古くから居住している民族のひとつであるニヴフ人は2,450人である。ウイルタ人（298人）、日本人（333人）に比べると多い。

1.6 使用言語

次に、これらの民族が使用する言語について見てみよう。表2に主な民族名と民族語、その言語の属する語族名を掲げた。

表2　サハリンに居住する民族と使用言語

民族名	民族語	語族
ロシア人	ロシア語	印欧語族・スラヴ語派
ウクライナ人	ウクライナ語	印欧語族・スラヴ語派
朝鮮人	朝鮮語	孤立言語
日本人	日本語	孤立言語
アイヌ人	アイヌ語	孤立言語
ウイルタ人	ウイルタ語	ウラル・アルタイ語族・ツングース諸語
ニヴフ人	ニヴフ語	孤立言語
ポーランド人	ポーランド語	印欧語族・スラヴ語派
ベラルーシ人	ベラルーシ語	印欧語族・スラヴ語派

サハリンはロシア連邦の島である。ロシア連邦の公用語がロシア語であることから、ロシア語が公的な場でも私的な場でも使用される。この他には、ウクライナ語、ポーランド語、ベラルーシ語など、ロシア全体で用いられる民族語

が存在する。なお、少数ではあるが、ロシア人がサハリンに居住するようになる前の時代にサハリンに渡来してきた民族もいる。例えば、アイヌ人、ウイルタ人、エヴェンキ人、タタール人、朝鮮人、ニヴフ人、日本人などである。彼らはそれぞれアイヌ語、ウイルタ語、エヴェンキ語、タタール語、朝鮮語、ニヴフ語、日本語を使用している。

これらの民族語のうち、ロシア語、ウクライナ語、ポーランド語はいずれもスラブ語派に属し、ウイルタ語とエヴェンキ語はツングース諸語に属する。一方、アイヌ語、朝鮮語、ニヴフ語、日本語はいずれも孤立言語とされる。特にこれらの孤立言語とウイルタ語は本書が対象とする言語である。孤立言語を使用していたこれらの民族は多言語話者である場合が多い。これは、ほとんどの場合、他言語を自然習得か学習による習得で身に付けたことによる。その習得過程にみられる中間言語的特徴、言語接触による現象は社会言語学的に見ても、接触言語学的に見ても大変に興味深いものがある。

1.7 サハリンへのアクセス

サハリンへのアクセスは、1990年代に入ってから比較的容易になった。現在（2012年6月）では、サハリンへは（1）飛行機によるアクセス、（2）船によるアクセスが可能である。飛行機は、新千歳空港からユジノサハリンスクへの直行便が運航されている。また、成田空港からユジノサハリンスクへの航路も存在する。この他にはソウルやプサン、ウラジオストクを経由してユジノサハリンスクに渡る方法もある。船は稚内からコルサコフに渡る定期航路も夏期であれば利用できる。ロシアのウラジオストクからホルムスクへの航路もある。

ロシアへの入国は、査証（ビザ）の取得が必要である。現地での移動などはロシア国内と事情は変わらない。ロシアに渡航した経験のある人であれば、サハリン訪問はそれほど大変なことではなくなっている。

第 2 章
サハリンの言語接触史における日本語の位置付け

2.1　はじめに

　本章では、サハリンにおける言語接触史を概説し、その歴史の中での日本語の位置付けについて考察する。第 1 章で述べたように、サハリンは多民族社会であり、さまざま言語が接触する状況が続いた。しかしながら、このような状況にあったこと自体、ほとんどの人に知られていない。たいていの人には、サハリンは、かつて「樺太」と称する日本の領土であったという程度のことしか知られていないのである。

　一方、サハリンの歴史を振り返ってみると、日本人、ロシア人以外にもアイヌ人やウイルタ人、エヴェンキ人、ニヴフ人など、実に多くの先住民が居住してきたことがわかる（ステファン1973、全国樺太連盟1978）。この他にも、19世紀後半から20世紀初頭にかけて、ポーランド人、ウクライナ人、朝鮮人もサハリンで生活するようになったことが確認できる（クージン1996、大沼1992等）。

　ここでは、このような多民族社会としてのサハリンに生じた言語接触の歴史を概観し、サハリンにおける言語文化の特徴を述べる。また、日本領有時代における日本語使用について当時実施された日本語教育を事例に説明し、サハリンにおける日本語の位置付けについて考察を行う。なお、本章は朝日（2004a）に基づくものである。

2.2　サハリンにおける言語接触の変遷

　まず、サハリンにおける言語接触史を構築するための時代区分を設定する。サハリンの歴史において、どの民族がどのような過程を経てサハリンに居住するようになったのか。このような問題意識のもとに、サハリンの言語接触史について説明を試みる。

具体的には、次の4つの時代区分を設けることにする。
　（1）　サハリン先住民の時代
　（2）　周辺諸国との交流の時代
　（3）　日本領サハリン（樺太）の時代
　（4）　ロシア領サハリンの時代
以下、それぞれの時代について概観し、その言語状況について説明することにしたい。

2.3　サハリン先住民の時代

　最初はサハリンの先住民の時代である。一般に、どの地域社会においても「いつ」「誰が」その社会に居住するようになったのかということは、その地域の特性を考える上で重要である。また、言語接触の変遷について考察するに当たっては、どの言語が最初に用いられるようになったのかを把握することが必要である。

　このことについて考える時に重要になるのは、サハリンは沿海州と北海道との中間に位置し、冬になると海が凍結することである。これによって、サハリンは島でありながらも、周辺部からの人の往来が盛んであった（ステファン1973）。

　これまで、サハリンにおける最古の民族をめぐる議論は、さまざまな形で行われてきた。その中で、日本における戦前の研究では、アイヌ人が最古の先住民であるという説が支持されていたようである（金田一1925、白鳥1907など）。しかしながら、当時は、考古学的調査が十分に行えず、それらの状況に関する情報が十分得られなかったことから、限界があった（ステファン1973）。

　戦後、ロシアのアカデミー唯物文化研究所が行った調査によって、先に述べた交流の様子を知る手がかりが得られたのである（ステファン1973）。その結果、サハリンにおける最古の民族についての仮説が示されることになった。

　それによると、サハリンでは、2つの民族がもっとも古い民族であるようである。1つは、新石器時代人で紀元前2000年頃にサハリン南部に渡来し、もう1つは、アリューシャン列島のエスキモー文化の特徴を持つとされる民族で大陸からサハリン北部に渡来したのである。それ以後、両者は交流を深め、独自

図3 樺太アイヌ人（左）とニヴフ人（右）[1]

の文化を形成していったと考えられている（ステファン1973、Gruzdeva 1996）。この独自の文化が形成される過程において、2つの集団の言語同士が接触し、両者に共通した言語が形成されたものと推測される。

　その後、10世紀になると、サハリンにアイヌ人とニヴフ人が移り住むようになる。アイヌ人の祖先については諸説に分かれるが、両民族が渡来した際、先述した民族と接触していたことが確認される。それは、アイヌ人、ニヴフ人に伝わる伝説に登場する「トンチ」である。

　「トンチ」とはアイヌ語で「アリュート」を指すことから、アリューシャン列島から渡来した民族は、アイヌ人・ニヴフ人が渡来した頃には、サハリンに居住していたと考えられる。この状況を言語使用の観点からみると、アイヌ人とニヴフ人が用いたアイヌ語、ニヴフ語と、「トンチ」と呼ばれる人々が用いた言語との間で接触が生じたと考えられる。

1　図は間宮林蔵述『銅柱余禄』北海道大学付属図書館北方資料室蔵。ここでは、谷川（1997）より引用した。

ここでアイヌ語とニヴフ語について触れておくことにしたい。結論から言えば、2つの言語は日本語と同じく、他の言語と類型論的に関係のない孤立言語である。したがって、当時の言語接触状況においても、例えばスペイン語とイタリア語のような、同じ語族の間で生じるような言語接触ではなく、体系が大きく異なる言語同士の接触であったことが考えられる。この点については、当時の言語状況について考察した研究からも確認できる。

　この他にもアイヌ人とニヴフ人が密接な関係にあったことは、ニヴフに伝わる伝説に見出すことができる（Gruzdeva 1996）。そこでは、両者の交流が盛んであり、言語の面では、両言語の間に借用が行われたようである。高橋（1934）によると、アイヌ語におけるニヴフ語由来の借用語、ニヴフ語におけるアイヌ語由来の借用語が存在していたという。

　この他に、10世紀から13世紀の間に、これらの民族とは別に、ツングース系の民族であるウイルタ人がサハリンに渡来するようになった。彼らの渡来の時期は中国の『元史』や『経世大典』にウイルタ人が登場することによる。[2] 彼らは主にトナカイを飼育する遊牧民であったことから、季節によって居住地を変えていたようである。

　彼らの使用する言語は、ウイルタ語と呼ばれるツングース・満州諸語の言語である（池上1997a）。ウイルタ語はアイヌ語、ニヴフ語とは異なり、類型論的に関係のある言語が存在する言語である。例えば、17世紀にサハリンに渡来することになるエヴェンキ人の言語であるエヴェンキ語、大陸で使用されていたオロチ語や満州語などが同じ語族に属する。

　ここから、ウイルタ人がサハリンに居住するようになってから、アイヌ語、ニヴフ語というまったく系統の異なる言語とウイルタ語とが接触したと思われる。この当時の具体的な言語状況についての資料は、管見の限り見当たらないが、このような接触場面が当時から存在していたことは想像に難くない。

　このように、サハリンに人が居住し始めた初期の時代において、少なくとも

---

[2] ウイルタ人がサハリンに渡来した時期を17世紀後半とすることもある（Burykin 1996、Gruzdeva 1996）。しかしながら、中国の資料でそれよりも前に渡来が確認できることから、本章では、ウイルタ人の渡来の時期については、10世紀から13世紀の間とする。

4つの民族が居住していた。この時代から、サハリンは多民族、多言語社会の島であったことがわかる。

2.4 周辺諸国との交流の時代

前節で、サハリンは多民族が居住する島であることを述べた。その状況は、時代の流れとともに変化していった。もともとサハリンへの往来は多かったことからも、サハリンは特定の先住民だけが移動せずに居住するような島にはならなかった。この時期以降、サハリンの領有権や利権が隣接諸国の間で争われることになった。そうして、サハリンにおける多文化・多言語状況は新たな方向へと変貌していくのである。

そこで本節では、サハリンを舞台に繰り広げられた周辺諸国との関係について取り上げ、サハリンの多言語化について説明したい。以下では、サハリンと(1)中国、(2)日本、(3)ロシアとの関係に着目し、当時の言語状況についてそれぞれ考察する。

2.4.1 中国との交流の時代

サハリンと中国の関係はあまり知られていないものの、先住民がサハリンに居住していた頃から中国との交流があったと認められる。その交流は、唐の時代に始まったようである（全国樺太連盟1978）。それを記した中国の文献によると、唐の時代にアイヌ人が朝貢したとの記述が見られる。アイヌ人は少なくともこの時代にはすでに中国の朝廷との交流があったと判断できる。

その言語的状況の詳細は管見の限りわからないが、日本の遣唐使と同じように、漢語を使用していたものと思われる。アイヌ語にはもともと文字がないことから、文字を有する漢語を習得する必要があったと考えられる。それ以降、中国への朝貢という形で中国とサハリンの先住民との交流が見られたのである。清の時代になると、アイヌ人が当時の官位を受けていたこと（佐々木1996）もあり、この時代に至るまで中国との関係は継続していたと判断できる。

一方、清の統制を受けていた18世紀から19世紀にかけて、沿海州とサハリン北部を舞台にした「サンタン交易」が行われていた。この交易は、中国東北地

表3　数詞の比較

	ウイルタ語	サンタン語	満州語	ニヴフ語	アイヌ語
1	geda	omo	emu	Naqř	sine
2	du	jûli	juwe	meqř	tu
3	ila	ila	ilan	ʒaqř	re
4	jîn	dui	duin	nyqř	íne
5	tunda	tunja	sunja	toqř	asik-ne
6	ninû	jungu	niggun	ŋax	i-wan
7	nada	nada	nadan	ŋamk	ar-wan
8	jappu	jappu	jakon	minř	tu-pe-san
9	hupu	huyun	uyun	Nandroŋ	shine-pe-san
10	jon	joan	juwan	mxonŋ	wan

方からアムール、サハリンを経て北海道へと通じるシルクロードのルート上でなされたものである。そこでは、絹や毛皮が商品として扱われ、人の往来も盛んであった。この交易にはもちろん、中国と日本との交易も含まれるが、これにはアイヌ人、エヴェンキ人、ウイルタ人、サンタン人、ニヴフ人など、沿海州、及び、サハリンの先住民たちが中心的に関わっていた。

　彼らが使用していた言語は、それぞれ、アイヌ語、エヴェンキ語、ウイルタ語、サンタン語（ツングース語系の言語）、ニヴフ語である。この交易によってこれらの言語が接触したのである。この他に、清とのやり取りの中で使用されたと考えられる満州語も交易の場で使用が認められた（佐々木1996）。

　サンタン交易のような場における言語使用状況を知る手がかりとして、ニヴフ人がサンタン人との交易に深く関わっていたことが挙げられる。これは、ツングース・満州語族の諸言語（オロッコ語、オロチ語、ナーナイ語など）にニヴフ語起源の借用語が認められることに確認される（Burykin 1996）。このことは、ニヴフ語が民族間のコミュニケーションにおけるリンガフランカ（共通語）として用いられていたことを示すと考えられる（Wurm 1996a）。

　一方、ウイルタ語、サンタン語、満州語との間の接触については、両者の言語が類型論的な関係にあったことから、それぞれの言語を使用してもコミュニケーションを図ることが可能であったようである。表3にウイルタ語、サンタ

ン語、満州語、ニヴフ語、アイヌ語における数詞をまとめてみた。

先に述べたように、ウイルタ語、サンタン語、満州語はツングース・満州語の一群の言語であり、ニヴフ語とアイヌ語は孤立言語である（表は、ウイルタ語における数詞は池上（1997b）、満州語（池上2001）、サンタン語（中目1917）、アイヌ語については（田村1988）、ニヴフ語については（服部1988）をもとに著者が作成）。ここでも、ツングース・満州語の一群に属するウイルタ語、サンタン語、満州語の数詞の語形が似ていることがわかる。

特に、数字の「3」を意味するウイルタ語は ila、サンタン語は ila、満州語は ilan である。3 言語の中でも、ウイルタ語とサンタン語の語形は共通しているうえ、満州語の場合 - n が後接する形で使用されている。同様に、「七」を意味するウイルタ語は nada、サンタン語は nada、満州語は nadan であるが、さきほどと同じ説明が成り立つ。このように両者が異なる「言語」であっても、相互理解が成立しないということは考えにくい。

交易の場で臨時的な言語使用が多いことからも、それぞれの言語とニヴフ語がともに用いられていたと考えられる。一方、ニヴフ語とアイヌ語の数詞は、その語形はまったく異なる。当時、ニヴフ語が多用されていた状況にあったものの、このように語形がまったく異なることから、ニヴフ語以外の話者にとっては、この言語を習得する必要があったように思われる。これと並行して文字を有する満州語も広く用いられていたとも考えられる。

このように、この時代においては、中国との関係の中で形成されていったサンタン交易の場において、サハリンの先住民とアムール沿岸に住む人たちとの交流が見られ、ニヴフ語とツングース・満州語族の諸言語との接触が生じた時代と解釈することができる。

2.4.2 日本との交流の時代

中国とサハリンとの交流の歴史と比べると、日本とサハリンとの関係は、比較的後になって築かれた。日本とサハリンとの関係は、松前藩時代以降になると密接になる。1485年にアイヌ人の酋長が銅雀台の瓦硯を献上して服従を誓ってから、サハリンに住む先住民との交流が見られるようになった（全国樺太連盟1978）。その後、17世紀に松前藩がサハリンに家臣を送るなどし、現地のア

イヌ人、ウイルタ人、ニヴフ人との交流が見られたのである（佐々木1996）。ここで、サハリンの歴史においてはじめて日本語が登場するのである。松前藩の動きは、その後、19世紀のロシアによる東洋進出に合わせて盛んになった。当時の江戸幕府は、それを受けてサハリンで調査を実施した。これは間宮海峡で知られる間宮林蔵らの探検によって、サハリンが半島ではなく、島であるということを発見したことによる。

　間宮林蔵らの調査記録から、先住民との交流の様子が見て取れる。当時のサハリンにおいては、ニヴフ人とウイルタ人との間の交流は盛んだったようであるが、アイヌ人は別の集団を形成した。言語接触状況としては、ニヴフ人とウイルタ人との間ではニヴフ語が使用されていたようである（Burykin 1996）。だが、19世紀末ごろにおける先住民の間の使用言語についての記述（Gruzdeva 1996）を見ると、かつて多用されたニヴフ語ではなく、アイヌ語が民族間のコミュニケーション言語（リンガフランカ）として使用されるようになったことがわかる。

　実際、この時期から20世紀初頭において、ニヴフ人は、自ら使用するニヴフ語がアイヌ語、ウイルタ語とは類型論的に異なり、相互理解も成立しなくなるため、他の言語話者と話すときはアイヌ語（またはウイルタ語）を使用していたようである。なお、興味深いことに、日本の漁業関係者との交流においてもアイヌ語が用いられたようである。役人の多くがアイヌ語を流暢に話していたという記述（Wurm 1996a）も確認されることから、当時日本語はそれほど必要とされていなかったと考えられる。

　このように、この時代において、日本人が登場し、サハリンの先住民との交流が見られ、そこで言語接触が生じたのは紛れもない事実である。しかしながら、そこで異なる集団間のリンガフランカとして使用されていたのが、日本語ではなくアイヌ語であったというのは特徴的である。この点で、日本人がサハリンで行動するようになった時代における日本語の地位は、それほど高くなかったと解釈できる。別の視点から見ると、この時期は、ニヴフ語の地位が下がり、リンガフランカとしての機能を担わなくなった時代ともみなすことができる。

表4　サハリンの人口（1897年）

民族	人口
ロシア人	15,807
ウクライナ人	2,368
ニブフ人	1,978
ポーランド人	1,636
タタール人	1,523
アイヌ人	1,434
⋮	⋮
日本人	227
朝鮮人	67

2.4.3　ロシアとの交流の時代

　ロシアがサハリンの歴史に登場するのは、17世紀にアムールに進出してからである。これにより、アムール地域におけるロシアと清との抗争へとつながるのである。先に述べたように、江戸幕府がサハリンの調査を行ったのも、こうしたロシアの動きに応じたものである。当時のロシアの東洋進出には、絹や毛皮などの物品を求めたとも、日本の開国により東洋における貿易関係の確立を目指したとも言われている（佐々木1996、ステファン1973）。

　一方、サハリンに着目すると、日本の開国に合わせ、サハリンの領有権をめぐる交渉へとつながった。1855年に結ばれた下田条約では、サハリンはどの国にも属さない島となったが、1875年に樺太千島交換条約が締結されると、サハリン全土がロシア領となった。それ以降、日露戦争が終わる1905年までの間、サハリンはロシア領となったのである。

　この時期には、サハリンはロシアの流刑地として使用されるようになった。つまり、ロシア語話者が大量にサハリンに移り住んだのである。その当時の様子を知る資料として、ロシア帝国が1897年に行ったロシア帝国第1回国勢調査の結果を挙げる。それを表4にまとめた。

　この表から、当時はロシア人がもっとも多く、それにウクライナ人、ニブフ人、ポーランド人が続いていることがわかる。つまり、この時期に、ウクライナやポーランドといった地域からの受刑者がサハリンに渡ってきたのである。

なお、ニヴフ人、タタール人、アイヌ人などといった先住民は少数派であると言える（クージン1998）。

この時期において、ロシア語が受刑者の間で使用されていたことは想像に難くない。表4から、ポーランド人やウクライナ人の数が多いが、彼らのほとんどがロシア語に堪能であったと考えられるからである。ここから、ロシア語話者が急増したと判断できよう。このロシア人と先住民、日本人、朝鮮人との間で使われていた言葉は、ピジンと呼ばれる、言語接触状況下で臨時的に使用されるものであった可能性が考えられる。

このピジンは、接触する言語の単語や文法的特徴などを取り込んで使用される、単純化の進んだ言語を指すが、ロシアの東洋進出に当たって、ロシア語が基盤となったピジンがシベリア各地で形成されたようである（Wurm 1992）。このような点からも、サハリンでも同様のことが生じてもおかしくない。

その一方、先住民の使用言語をめぐる状況は、先の日本との交流の時代とあまり変わらないと判断できる。つまり、ロシア人がサハリンの先住民と話す際、アイヌ語が使用されていたのである（Wurm 1996b）。それと同時に、人口数から判断しても、先住民がロシア語も習得していたったと考えるのも妥当である。

この他に指摘すべき点として、朝鮮人の存在が挙げられる。朝鮮人は、19世紀になってから、サハリンで生活するようになったと言われている（クージン1998）。この時代に渡来した朝鮮人は、沿海州に居住していた朝鮮人であり、そこからサハリンに移ってきたのである。彼らの多くは漁業を中心に生計を立てていたため、コミュニティの中では朝鮮語が使用され、ロシア人にはロシア語を使用していたと考えられる。

また、この時代において、日本人が200人程度であるが、居住していたのは興味深い。彼らの多くは日本語とアイヌ語、またはロシア語のバイリンガルであったと考えられる。日本語のモノリンガルが少ないという点で、日本語はこの時代においても地位は低く、公的な場では必要とされていなかったものの、限られた範囲で使用されていたことは注記すべきである。

このように、ロシアとの交流の歴史の中で、サハリンにおける多民族化が、いっそう進行していったと言える。それと並行して、ロシア語がサハリンで使用されるようになり、以後のサハリンにおけるロシア語の地位が確立する基盤

となったものと解釈できる。

2.5 日本領サハリン（樺太）の時代

1905年、日露戦争後に締結されたポーツマス条約により、サハリンの南半分（北緯50度以南）が日本領となると、サハリンにおける言語状況は一変する。それまで多数を占めていたロシア人はサハリン北部または大陸に引き返され、その代わりに日本本島からの移住者がサハリンに移住してきたのである。その結果、日本人が南サハリンでは多数を占め、日本語が日常生活のみならず、公的な場においても使用されるようになった。

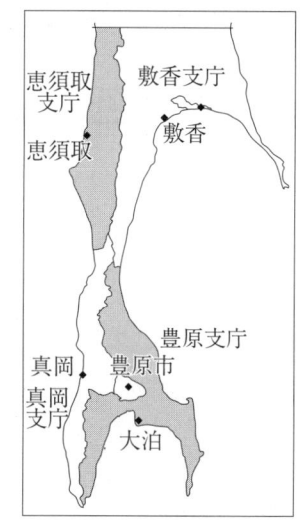

図4　日本領サハリン

サハリンは樺太と呼ばれ、地名も日本名が与えられたのである。図4は日本領であった南樺太の地図である。当時、樺太庁は豊原（現ユジノサハリンスク）におかれ、南樺太は4つの支庁によって統治されていた。図4からもわかるように、北部には、恵須取（現ウグレゴルスク）と敷香（現ポロナイスク）に、南部には、真岡（現ホルムスク）と大泊（現コルサコフ）に支庁が置かれた。

日本領になってから、日本各地から移住が始まったのである。その範囲を樺太庁統計書から見ると、日本全域から移住が行われていたことがわかる。次頁の表5は1941年度の樺太統計書にまとめられた出身地構成である。表には、人数がもっとも多い都道府県と少ない都道府県がそれぞれ10県ずつ示されている（樺太庁1941）。[3] 北海道からの移住者が全体の37.8％ともっとも高く、それに青森県、秋田県などといった東北地方の出身者が続いている。この他にも、石川県や富山県といった北陸地方からの出身者も多数移住していることも見て取れる。

その一方で、人数の少ない都道府県は、沖縄県、宮崎県、長崎県、鹿児島県

3　なお、この中には樺太に本籍を持つ居住者は含まれない。

表5　サハリン在住の日本人の出身地

(1941年)

順位	都道府県名	人口	割合（%）
1	北海道	85,189	37.8
2	青森県	29,264	13.0
3	秋田県	22,365	9.9
4	宮城県	10,229	4.5
5	山形県	9,921	4.4
6	岩手県	9,495	4.2
7	福島県	8,737	3.9
8	新潟県	7,006	3.1
9	石川県	3,770	1.7
10	富山県	3,753	1.7
⋮	⋮	⋮	⋮
38	鳥取県	598	0.3
39	鹿児島県	577	0.3
40	香川県	509	0.2
41	奈良県	499	0.2
42	長崎県	431	0.2
43	佐賀県	420	0.2
44	京都府	410	0.2
45	島根県	410	0.2
46	宮崎県	233	0.1
47	沖縄県	62	0.0
	合計	225,354	100.0

　などといった九州・沖縄地方であったり、島根県や鳥取県、奈良県、京都府などの西日本の地域であったりすることもわかる。ここから、サハリンに居住していた日本人は、北海道・東北などといった北日本の出身者が多数を占めると言える。したがって、当地の日本語の特徴も北日本の方言の特徴が多くなる傾向にあることが考えられる。

　日本の統治はその後、1945年までの40年間に及ぶが、ここで、当時の言語事情をより具体的に把握するために、日本人、および日本人以外の人々に対する

日本語教育のあり方を整理する。ここでは、当時の学校教育について、（1）日本人を対象にした学校教育、（2）日本人以外を対象にした学校教育にわけて説明することにしたい。

2.5.1 日本人を対象にした学校教育

まず指摘しておかなければならないのは、当時のサハリンの全人口の95％が日本人であることである。したがって、学校教育と言っても、そのほとんどは日本人に対するものであった。したがって、日本人に対する教育は日本の教育と変わることはなかった。公立小学校が南樺太の都市部を中心に、計272校[4]が設立され、そこに子どもたちが通った。1941年に公立国民学校に名称が変わったものの、学校体制に変更はなかった。1941年時点での国民学校への就学率は99.63％であり（全国樺太連盟1978）、ほぼ全員が国民学校へ通い、教育を受けていた。

その中で実際に使用されていた日本語の特徴を分析した研究に平山（1957）がある。その詳細は後述するが、平山（前掲）は、青少年以下の子どもの間において樺太方言と称すべき言葉が使用されていると指摘している。つまり、現地で独自の言葉が形成されたようである。また、その特徴に関して、「音調以外の音韻・語彙・語法などもすべて北海道の縮図の観がある」とあり、北海道方言と共通したものであることが考えられる。北海道方言の成立をめぐっては、移住者の出身地が深く関わっていると言われるが、サハリンについても同じことが言えそうである。さらに、サハリンの場合、移住によって形成された北海道方言の特徴が多く用いられるのは、方言接触の観点から、興味深い。北海道では、移住者が持ち込んだ方言間の接触によって共通語が形成されたと言われるが（国立国語研究所1965など）、樺太方言は、いわば「もう1つの北海道共通語」と呼んでもいいであろう。

2.5.2 日本人以外の人々を対象にした学校教育

全体的に見れば、日本人以外の人口は、全人口の5％だけである。しかしな

4　1942年度における公立国民学校の総数である（全国樺太連盟1978）。

表6　サハリン在住の日本人以外の構成

(1941年)

民族	人口
朝鮮人	19,768
アイヌ人	1,272
ウイルタ人	287
ロシア人	140
中華民国人	104
ニブフ人	97
ポーランド人	46
エベンキ人	24
ウリチ人	15
トルコ人	10
ドイツ人	5
サハ人	2
満州国人	1

がら、日本語を母語としない人を対象にした日本語教育もサハリンで実施されたのである。ここでその一部を紹介したい。

　まず、当時、日本人以外にどのような人が居住していたのかを確認する必要がある。表6は1941年における日本人以外の人口をまとめたものである（樺太庁1941）。この表から、当時の南樺太はアイヌ人をはじめとしてウイルタ人、朝鮮人、ニヴフ人などといった、サハリンの先住民やロシア人や中華民国人、ポーランド人など、かつてのロシアの時代にサハリンに渡ってきた人たちで構成されていることがわかる。ここから、日本領サハリンの時代においても多言語・多民族社会であることには変わりはないことがわかる。

　このような中、実際に行われた日本語教育の状況を見ると複雑なものであったことがわかる。まず、日本人以外に対する教育は「土人教育」[5]と呼ばれ、学校も「土人教育所」と呼ばれたのである。また、この教育所も、生徒が全般

5　本書では、当時の記述を忠実に反映させるために「土人教育所」や「土語」などの用語をそのまま用いる。

的に少ないことから、東海岸の落帆や西海岸の多蘭泊など、比較的集団の大きい町に設立された。「土人教育所」は1921年で7箇所に設立された。そこでは6年制の教育体制がしかれ、寺子屋式の教育がなされたという（川村1994）。

だが、その数は年々減少し、1933年からは敷香の教育所1箇所となったのである。これには、アイヌ人が日本人と同じ学校で学ぶことになったことが関わっていると思われる。アイヌ人の多くは、北海道から帰還した人である

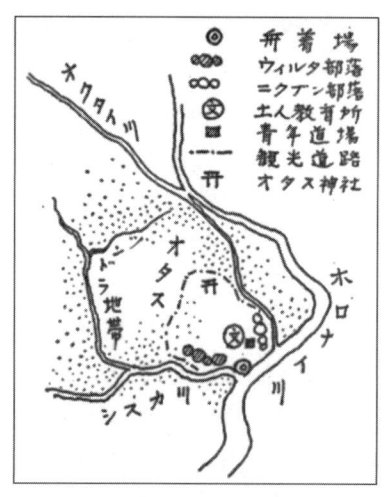

図5　オタスの杜と敷香教育所の位置

が、1933年の樺太施行法律特例改正によって、アイヌ人に定籍が与えられた結果、日本人と同じ学校に通うことになったのである（高田1936）。したがって、「土人教育所」は、結果として、ウイルタ人、ニヴフ人を対象にしたものである。

なお、朝鮮人は当初から日本人と同じ学校に通っていた。この時代にサハリンに渡来した朝鮮人の多くは、それまで日本に住んでいた場合が多いことから、日本語能力が高かったと思われる。

いずれにせよ、アイヌ人も朝鮮人も日本人との交流が多く、日本語との接触が多かったと言える。今日でも当時の日本語教育を受けた人は日本語が堪能であるが、これは、当時の学校教育によるものと解される。

ここで、日本時代を通して開校していた敷香教育所について取り上げたい。その詳細は第6章に譲ることにするが、この教育所は、敷香の中心街から離れた場所に建設された。当時は、「オタスの杜」と呼ばれ、先住民が移住させられた場所でもあるが、この地で日本語教育が行われた。図5はこの地で生まれ育ったD・ゲンダーヌが作成した当時の地図である（田中・ゲンダーヌ1993）。この地図から1つの地域にウイルタ人とニヴフ人（図中では、ニクブンとなっている）の居住地が隣接していることがわかる。この中に、敷香教育所は位置し、

日本語が教えられていたのである。

　先述したとおり、もともとウイルタ人とニヴフ人とは交流が見られたことから、この時代にも両者の間の交流は盛んであったように思われる。ウイルタ語とニヴフ語とは類型論的に異なるため、両言語の話者の間のコミュニケーションのあり方については、いくつかの方法があったように思われる。基本的に当時の先住民は多言語話者であることが指摘されているように（Gruzdeva 1996）、ウイルタ人とニヴフ人との間では、日本語やアイヌ語が、リンガフランカとして用いられたり、ニヴフ語が使用されたりした（Burykin 1996）。[6]

　また、当時サハリンに居住していたロシア人、ポーランド人の日本語教育について触れたい。サハリンが日本領となった時点で、それまで当地に住んでいたロシア人、ポーランド人のほとんどはロシアに戻った。その中にサハリンが日本領となってからも居住していた人たちがいる。

　彼らの存在を取り上げた研究自体ほとんどない。したがって、彼らの当時の日本語運用能力についても、断片的なことしかわからない。それを前提とした上で、彼らの日本語を含めた言語使用を李（2008）の記述をもとに取り上げる。

　基本的に、ロシア人達は、家庭内ではロシア語を使用していたが、日本人・朝鮮人との接触場面では日本語を使用するか、まったくロシア語しかできなかったか、のどちらかであったようである。ただ、その日本語は李（前掲）によれば「下手な」日本語であったという。おそらく、ロシア語の干渉を受けた日本語であったためだと推測される。

　彼らがどの学校に通ったかについてであるが、両親のどちらかが日本人である場合、日本人と同じ学校に通ったことが李（前掲）から確認できる。だが、両親がともにロシア人の場合については管見の限り不明である。この両親の日本語運用能力が高い場合には、子どもたちを日本人と同じ学校に通わせたことも考えられるが、推測の域を出ない。

　このように、日本領サハリンの時代においては、日本語が普及し、公的機関で

6　このことは、当時のウイルタ語にニヴフ語からの借用語が多かったことに見られる。ウイルタ語がニヴフ語よりも優勢だとしたら、ニヴフ語の方にウイルタ語由来の借用語が多くなるはずである。

も日本語が使用された時代であった。その中で現地語との間に接触が起きた結果、先住民の多くは二言語・三言語使用者が出現する状況にあったと判断できる。

2.6　ロシア領サハリンの時代

　第2次世界大戦が終わり、1951年のサンフランシスコ条約により、南樺太はロシア領となった。サハリンはこの時期から現在に至るまでロシア領である。戦後、ロシア人が急激に増加し、ロシア語があらゆる所で使用されるようになった。ロシア語の普及も進み、現在ではロシア語が公的な場で用いられている。また、先住民の間でも自らの言語ではなく、ロシア語を母語とみなす人も多い。

　しかしながら、前節までに述べたことを踏まえると、そう結論付けるには慎重にならざるを得ない。これまで戦後のサハリンにおける状況はソ連の統治下になってからペレストロイカまでの間、ほとんど明らかにされなかったという歴史的な経緯もあることから、戦後のサハリンにおける言語状況について取り上げることにしたい。

　まず、指摘しなければならないのは、日本人が引き揚げていく中で、サハリンに居住していた朝鮮人をはじめとして、ウイルタ人、ニヴフ人などの先住民は現地に残らざるを得なかったことである。その上、日本人もまた、仕事上の理由等で残留した人もいるのである（粟野1994）。また、彼らの多くはロシア語を使用できなかったため、ロシア語を学習する必要があった。

　このような中、ロシア政府はこのような状況に対応した策を講じたのである。その一環として、終戦直後、ロシア政府はサハリンにおけるロシア語の使用を広めるために、日本語を使用するという方針であったようである。写真1は1946年にユジノサハリンスクで開かれたオットセイ工場の集会の様子を映した写真である。[7]　ロシア語のほかに日本語が併記されていることがわかる。

　この他にも、ソ連政府は社会主義的思想を広めるために、日本語新聞を刊行した。1945年8月に刊行された「樺太新聞」（図6）と「新生命」（図7）である。この新聞は、樺太時代（日本領時代）に刊行されていた「樺太日日新聞」

7　Kastanov（2002）より引用した。

写真1　オットセイ工場の集会の様子

などの新聞記者が記事を書き、ロシア人のイワニエンコ氏が編集にあたった。こうした例から、戦後しばらくの間、日本語が公的な場で用いられる状況が続いていたと言える。そうした政策が展開したあと、ロシア語だけが使用される状況が続いた。その結果、ロシア語の使用が広まり、ロシア語のモノリンガルが出現したのである。

　そうした中、ロシア語以外の言語について注目すると、戦後のサハリンにおいて、少なくとも中年層以上は多言語使用にあったと言える。戦後、朝鮮人学校が設立され、1948年には87校になった（クージン1996）。そこでは、朝鮮語の教科書を用い、朝鮮語による教育が行われた。また、朝鮮語新聞「新高麗」も発刊された。従って、当時の朝鮮語教育を受けた人は朝鮮語ができる。また日本時代に日本語教育を受け、戦後朝鮮人学校に通った朝鮮人は、日本語と朝鮮語が使用できたという。もちろん、その後、ロシア語を学んだことから、三言語を使用していたのである。現代の状況は第8章にみるが、1990年代以降は、朝鮮語の放送などにみるように、朝鮮人が知識層として活躍するようになった。

　この中で日本語はどうであろうか。ロシア領になってから、サハリンに残留し、日本人であることを隠して生活した人がいる。彼らの多くは朝鮮人やロシア人と結婚したため、日本語以外にもロシア語や朝鮮語が使用できた。彼らの日本語には北海道方言や東北方言などといった、方言的特徴が確認される（粟野1994）。その詳細は第4章に譲るが、そこでの残留日本人の発話をみると、

第2章 サハリンの言語接触史における日本語の位置付け　35

図6　樺太新聞（北海道立文書館蔵）

図7　新生命（北海道立文書館蔵）

例えば、「ワッチ」という一人称が用いられている。この語形は、もともと和歌山や長野で使用される方言形であるが、これが北海道でも使用が確認できる（石垣1983）。そのほかにも方向・場所を表す「サ」の使用も確認される。この形式もまた北海道の海岸のみならず内陸の農村でも確認されるものである。

2.7 おわりに

　本章では日本海の北に位置するサハリンにおいて繰り広げられた歴史を、言語接触という観点から、概観した。サハリンは昔から大陸と北海道との間で交流が見られることから、様々な言語背景を持つ人たちが行き来し、そこで生じた言語接触は実に多様であると言える。サハリンと言えば、今日ではロシアと日本とが領地をめぐって抗争したという歴史的な事実のみが認識されやすいが、日本語やロシア語が使用されるようになったのは、わずか100年ほど前であることは忘れてはならないことである。サハリンの言語接触史において、大陸のサンタン人とアイヌ人・ウイルタ人・ニヴフ人との接触、中国人との接触の歴史の方が長く、そこで観察された言語接触現象も数多いのである。

　また、日本語に注目すると、19世紀から、小規模ではあったが日本人がサハリンに居住するようになった。しかし、当時の日本語の地位は低かった。それが、1905年から40年間にわたる日本の統治によって、日本語が公的な場で使用され、現地のアイヌ人、ウイルタ人、朝鮮人、ニヴフ人が日本語を習得したのである。その結果、戦後、50年以上たった現在においても、日本語が使用されているのである。こうした事実も日本語と現地語との接触がもたらしたものと考えられる。

　このように、サハリンはまさに言語接触研究の格好のフィールドと言える。そのうえ、その言語接触に日本語が関わっているのである。その具体的な特徴については第3章以降で取り上げる。

第 3 章

サハリンの日本語を記録・保存するための調査

3.1 はじめに

　本章では、サハリンで使われている日本語を記録・保存するための調査の概要を述べる。サハリンの日本語は近い将来、話者がいなくなることが予想される。いわば「危機言語」なのである。そこで、この日本語を研究対象とした場合、必要な情報（音声資料・文字資料など）を収集するために、どのような資料の活用を行うのかが課題となる。

　言語研究を行うには、分析に耐えうる言語情報を収集する必要がある。その対象となった言語が、研究者の使用言語ではなかったり、研究者の生活する国では用いられなかったりする場合がある。また、研究者自身の使用言語がその対象となる場合もあろう。

　いずれの場合においても、研究者は、その言語の話者、文献資料などにアクセスし、言語情報を集めることになる。そこで行われる活動がフィールドワークである。具体的には、現地まで出かけ、その言語話者に会ったり、その言語が記録された文献資料が所蔵されている博物館・図書館などに出かけたりなどする。いずれにしても、分析に必要な言語資料の収集が求められるのである。同時に、その言語が使われる地域社会に対する還元も喫緊の課題として期待される。その意味でも、「危機言語」の言語研究は緊急性が伴う。本章では、言語研究におけるフィールドワークの流れを、具体的な事例を示しながら説明する。

　なお、著者は、言語研究におけるフィールドワークの基本的方針は、研究対象となる言語がいかなる状況に置かれたとしても同じであるという立場を採る。したがって、本章では、「危機言語」が研究対象となる場合にとりわけ留意すべき事柄がない場合、一般的な言語研究におけるフィールドワークの方法について述べることにする。本章で取り上げる内容は、徳川・真田編 (1991)、宮

岡 (1996)、真田 (2002)、中井 (2005)、Mosel (2006)、Milroy (1987)、Milroy and Gordon (2003) などと共通するところが少なくないことはあらかじめ断わっておく。なお、本章は朝日 (2011) に基づくものである。

3.2 フィールドワークの前にすること

　フィールドワークを行うに当たって、認識しておくべきことがらから述べる。「フィールドワーク」と一言で言っても、その具体的な活動内容は、研究の方針に拠るところが大きい。また、研究対象となるコミュニティの研究に対する対応の仕方も様々である。同じことは、調査に協力してもらう話者との関係についても言えよう。

　そこで以下では、言語研究としてのフィールドワーク、「危機言語」を対象とする場合のフィールドワーク、コミュニティから見たフィールドワーク、話者から見たフィールドワークに分けて、考察していく。

3.2.1　言語研究としてのフィールドワーク

　言語学におけるフィールドワークは、研究対象となる言語の記述 (description) を行うことが最大の目的である。言語の構造を解明することは、言語学的研究の最低限の目標であるのと同時に最大限の目標でもあるからである。言語学者にとっての使命は、その記述が十分に行われていない言語、または、その記述がまったくなされていない言語について、その言語話者を対象に、基本的なカテゴリーを記述するための、または、記述が十分ではないカテゴリーを記述するための調査を実施することである。この使命は、言語学が人文科学の一領域である限り、すべての言語学者に共有されているはずである。

　このような記述を行うことは、記述が十分になされたと判断できる言語についても当てはめられる。日本語や中国語、英語のような、いわゆる「主要な」言語が研究対象となる場合であっても、その言語の記述の在り方そのものに再検討の余地があったり、その言語のバラエティ（社会方言、地域方言）のレベルでは、記述が十分に行われていないカテゴリーが存在したりする。その意味でのフィールドワークはやはり必要となる。

サハリンの日本語樺太方言の場合、日本語自体の記述はなされている点で、「主要な」言語の記述に該当する。だが、日本語樺太方言の特徴記述は十分になされているとは言いがたい。その意味でもフィールドワークを実施する必要がある。

3.2.2 「危機言語」を対象とする場合のフィールドワーク

では、「危機言語」が対象となる場合はどうであろうか。やはり、「危機言語」についても前節で述べた姿勢が当てはめられるだろう。というのも、「危機言語」は、あくまでも、使用する話者数が減少している状況にある「言語」だからである。

だが、話者数が少ないということから想定される研究課題も数多い。記述が十分になされていない限り、より精度の高い記述を行うことが何よりも求められる。話者数が少ないということは、記述を行う作業に緊急性が伴っていることでもある。この点は、他の言語と大きく異なる。

「危機言語」を研究対象とした調査設計をする場合、どの程度研究がなされているのかによって、調査の規模、期間、範囲も変わってくる。例えば、その言語構造の多くが明らかにされている「危機言語」であれば、記述の精度を上げるための調査を設計すればよい。

一方、その逆の場合は、状況は深刻になる。調査の規模を大きくし、中・長期間の研究課題として計画を立てる必要が出てくる。また、話者数が極めて少ない場合、その話者との関係を構築・維持することに十分な配慮をすることも求められる。研究者の側からしても、調査を継続的に実施するための費用を確保しなければならない。また、その言語が使われている地域が例えば紛争地域である場合もある。状況によっては、言語の記述が十分にできないまま「言語の死」を迎えることもあり得る。

「危機言語」を研究対象とする場合、学術的には、その目的が言語の記述にあることに変わりはない。だが、上に述べたような問題がこれとは別に存在する。それぞれに置かれた言語状況から、言語研究として成立できる記述の在り方を検討すべきであろう。

では、サハリンの場合はどうであろうか。ウイルタ語、ニヴフ語といった少

数言語に関しては「危機言語」と判定して調査を実施すべきである。日本語話者には第一言語として用いている話者のほかに、第二言語として習得し、現在も使用している話者が含まれる。前節でも述べたように、「日本語樺太方言」は「安定した言語」の一言語変種である。そのバラエティとしての言語変種を「危機言語」とみなすことは可能である。幸い、日本語話者の把握と彼らの言語使用に関する調査を現在でも実施できる。樺太方言が「言語の死」を迎えるまでの間に可能な限りの調査を実施すべきである。

3.2.3 コミュニティから見たフィールドワーク

　ここで、研究対象となる言語が使われているコミュニティについて述べたい。話者が存在するコミュニティでフィールドワークを行う場合、研究対象の言語話者と接点を持つことになる。繰り返して述べるが、言語学者の使命は、記述にもとづく言語構造の解明にある。その使命のもとで行われるのが、フィールドワークである。

　ここで取り上げたいのは、このような使命が、研究対象となるコミュニティの関係者にどの程度受け入れられるかである。これには、その言語がコミュニティで置かれている社会的な価値によって左右されると考えてもよい。研究対象となっている言語自体が、それが使われる社会において、例えば、継承言語としての認識が確立しているような積極的な評価を受けているような場合、言語研究のための調査に対しては協力的であろう。また、積極的な評価を受けていないものの、その言語の文化財としての価値が認められている場合も、同じような対応が期待できよう。

　それに対して、その言語に対する評価が消極的である場合もある。また、その言語のことを話題にすること自体がタブーになっている場合もある。この場合、言語研究の調査を実施するには、きめ細やかな配慮が必要となる。この他にも、そのような消極的な評価はないにしても、その言語話者自身がその言語を使えるのに使わない、使う意欲がないような場合もある。その点、言語研究のための調査設計も慎重さが求められよう。

　このようにコミュニティによるその言語に対する評価によって、フィールドワークで可能な範囲、明らかにできる領域も決まってくると考えられる。なお、

サハリンでの調査を実施するうえで、日本語話者の定義が難しくなる場合がある。両親ともに日本人の親を持つ話者を日本人と認定するのはもっとも無難な方法であるが、例えば両親の片方がアイヌ人、ウイルタ人、朝鮮人、ニヴフ人である人であっても、話者自身が「日本人」という場合もある。

戦後のサハリンでは、日本人に対する評価が批判的であったこともあり、民族的に「日本人」であったとしても、日本人であることを隠して生活する人もいた。その人たちの日本語観は、その必要がなかった「日本人」とは異なるものがある。

サハリンでは、実に多様な背景を持ち合わせた人が生活している。その意味でも、コミュニティとしての特性に配慮した形で調査設計を行う必要がある。調査に協力くれる話者を取り巻く社会言語学的状況を的確に把握し、調査を実施する必要がある。

3.2.4　話者とフィールドワーカー

フィールドワークを行うに当たって、話者との関係についても十分な認識を持つべきである。言語研究の場合、社会調査型の調査研究を除けば、ある一定の期間を話者と過ごすことになる。話者との関係は、「調査者－被調査者」の関係から始まる。だが、調査が長期化すればするほど、話者との関係は密接になる。その関係こそ、言語研究の賜物とも言える。

その意味でも、フィールドワークが持つ社会性について、フィールドワーカーにはより正確な認識を持つことが期待される。基本的には、フィールドワーカーは、必要な時だけ現地に現れる「外部の人」である。そこで生まれ育ったのではない限り、「外部の人」であり続けるのである。

この「外部の人」がコミュニティに入ることの影響については、可能な限りの情報を収集すべきである。その社会性によっては、調査自体が成立しない可能性があるからである。言語学者は、言語の記述を行うのが仕事である。あくまでも「外部の人」によるものであることは忘れてはならない。

同時に、話者がフィールドワーカーと接することによって、そのコミュニティでの生活自体にも影響を与えかねないことも確かなことである。もちろん、フィールドワーカーとの出会いによって、話者が自分たちの言語文化に対する

意識が高くなったり、その文化的価値に目覚めたりするようなこともある。また、このフィールドワークをきっかけにして、言語学を志すような話者が登場することすらある。

その一方で、フィールドワーカーが渡す謝礼の内容によって、その話者の生活に変化が生じてしまうこともある。調査協力謝金として渡す金額が大きくなればなおさらである。その意味においても、話者と関わりを持つ社会的意味を認識すべきである。

3.3 フィールドワークですること

3.1節で述べたような、フィールドワークを行う前に確実に認識すべき基本的な事柄を踏まえてはじめて、現地へのアプローチの方法を考えることが可能となる。ここでは、問題設定の方法、コミュニティへのアプローチの方法、調査設計、調査で用いる言語について述べる。

3.3.1 言語研究としての問題設定とコミュニティへの貢献

調査を実施することになったら、まず、問題設定を行うことから始める。ここでいう問題設定は、次の2つの意味がある。以下、それぞれの理由とともに記す。

まず、言語学者として、研究対象となる言語のカテゴリーを記述することによって、学術的に貢献できる内容を設定する。対象となる言語事象についての先行研究を調べ、すでに明らかにされている内容、記述がなされていないカテゴリー、または、すでにある記述の中で、再検討が必要なカテゴリーを把握する。

例えば、記述がなされていない言語が研究対象となる場合、音声・音韻、語彙、形態、統語のレベルのそれぞれについて、基本的なカテゴリーの把握から始める。また、類型論的な裏付けをしたい場合は、関連するカテゴリーを網羅できるような問題設定が求められる。「危機言語」が対象となる場合、その記述の程度によって、調査の対象とすべきカテゴリーが決められる。

次に、学術的な意味での問題設定と並行して、調査を通して、コミュニティ

に対して可能な還元の方法を設定する。言語研究の場合、調査結果がそのままコミュニティに対して即効性のある還元とならない場合が多い。また、言語研究そのものに対する意識もフィールドにおける言語の社会的地位によって異なる場合もある。場合によっては、たとえ調査結果を示したとしても、その意義そのものに消極的な評価しか与えられない場合もある。

その意味においても、研究対象となる言語の文化財としての意義、調査対象者の自らの言語の地位に対する意識、言語権に対するより確かな理解を得ることなど、言語学者として可能な還元の範囲を、フィールドワークを通して見定める必要がある。

3.3.2 コミュニティに関する情報収集

問題設定を行ったら、コミュニティへのアプローチを検討する必要が出てくる。研究者が生まれ育った社会が研究対象ではない場合、その方法については、慎重さが求められる場合もある。その地域に研究を始めるまでに訪れたことがない場合などはなおさらである。幸いなことに情報化が進む現代社会では、世界の多くの地域に関する情報を収集することは難しくなくなった。その意味でも、現地の情報収集を徹底して行うべきである。

現地の情報収集は、書籍、旅行ガイド、政府の観光局、訪問したことのある者のブログなどを確認するなどして行うのが効率的である。可能であれば、日本語による情報、英語による情報、現地の使用言語による情報も収集するとよい。そこに記されている情報は、「内部の人」によるものとともに「外部の人」によるものがある。両者の見方を把握しておくのも1つの方法である。

このほかには、同じ地域を対象とする研究者と交流をはかるのも賢明な方法である。同じコミュニティを調査する研究者がほかにいる場合、同じ話者に対して調査を行うことがある。そのような時のためにも、研究者同士でコミュニティに関する情報、話者に関する情報を交換することも大切である。現地へのアクセスに時間や予算がかかる場合は積極的に情報交換すべきである。なお、「危機言語」が研究対象となっている場合は、その言語による情報にどの程度アクセスできるのかを、辞書や小説などの出版状況を調べることも必要となろう。

3.3.3 コミュニティへのアプローチ

　調査のためにフィールドに出かける場合、コミュニティの関係者にコンタクトをとる方法はいくつか考えられる。現地との関係がない場合には、対象となる地域に出かけていき、様子を観察することから始めるしかない。関係者からの協力を得るために関係機関を回るのも必要となろう。

　現地の関係者との関係がある場合においても、初めてフィールドを訪ねる時は、調査を実施すること自体に固執すべきではない。言語研究として本格的な調査を実施するのであれば、じっくりと時間をかけることが、コミュニティへの還元を考える上でも大切なことである。初めての訪問時には、現地の関係者との関係を構築することに努めるべきである。なお、研究内容については、現地の関係者に理解が得られるような工夫をすべきである。

　現地の関係者の候補は、コミュニティによって様々な人たちが想定される。自発的に協力してくれるインフォーマント（話者）がいる場合がある。たが、多くの場合、博物館、資料館、教育委員会、自治会などが、窓口となる。コミュニティを支えることに携わる人たちと良好な人間関係を作るべきである。コミュニティへのアプローチの方法として、マスメディアを利用することも考えられる。だがこれは、現地の関係者との関係が構築されてからでもいいだろう。

　なお、著者がこれまで実施してきたフィールドワークの経験から、インフォーマントの協力を得るための確実な方法は、研究者とインフォーマントに中立して存在する機関の理解・協力を得ることである。これには、公的な機関（市役所、役場、博物館など）や民間の団体（民族団体、民族学校など）、ボランティア団体なども該当する。マスメディアを利用し、言語文化の記録保存を訴えることによっても、より多くのインフォーマントから協力を得ることができよう。

　参考までに、著者がサハリンで行った調査活動を取り上げた新聞記事を紹介したい。この新聞記事には、特に日本が領有した時代、ポロナイスクが多言語・多民族社会であったこと、現在も日本の言語文化が現地に根付いていること、その特徴把握のために調査を実施していること、その調査の実施には現地の博物館の協力を得ていることが記されている。

　この新聞は、ポロナイスク地区に居住する人たちが読者対象となっている。ロシア語で発信されたため、より多くの人々に調査研究の意義を伝えることが

図8　言語調査を紹介した地元の新聞

できた。同時に、調査に協力してくれた話者には、新聞を通して協力したことの意義を再認識してもらう機会になり、関係者にはその調査結果の記録保存について、現地の博物館との協力関係が構築されていることを知ってもらう機会にもなった。

実際この記事が掲載されてから、協力してくれた話者から新聞を見たと連絡があり、それ以降、より親密な人間関係を築くことができた。

このように、現地で調査を行う場合は、可能な限りマスメディアを利用するのがよいだろう。

3.3.4　調査設計

現地の人たちとの関係を構築することができたら、調査設計を行う。調査設計の内容は、研究者の問題設定によって、自ずと決まるものである。記述が進んでいる言語が対象となる場合は、より具体的な問題設定が可能となる。

一方、そのような記述が十分になされていない場合、または、まったく現地での調査事例がないような場合は、調査対象となる言語の記述を全体的に行う必要がある。その際、基本語彙を収集するのも1つの方法である。また、記述調査の項目設定をするために、話者による自然発話を収集するのも効果的であろう。

　調査設計を行う際、話者との関係を中・長期的に維持させたいのであれば、話者に負担がかかり過ぎないような方策を採るのがよい。例えば、昔話を教えてもらったり、研究対象となる言語の歌を歌ってもらったりするのもよい。また、仲のいい友人と話してもらうのもよかろう。その場合、パラ言語情報、非言語情報を記録するという点で、可能であれば録画することが理想的である。

　そこでの得られた調査データから、研究対象の言語の使用状況がある程度把握できるはずである。その言語の運用能力が低い場合、その言語で友人と雑談することは容易でないはずである。他の言語をもっぱら使ったり、コード切り替えが生じたりしているかもしれない。その収集された情報は、調査票作成の上で非常に有益な情報となろう。

　そのような作業を経て、調査すべき項目が設定される。フィールドワークで行う記述調査の項目に関しては、いくつかの試みがある（例えば、服部1957、東京外国語大学・アジア・アフリカ研究所1966、1979など）。それらを一方で活用しながら、その地域の言語状況を観察するのも必要なことである。

3.3.5　調査で使う言語

　調査を行う上での技法については、すでに多くの文献で取り上げられている（小西他編2007など）。その具体的な内容は、そちらの文献に譲ることにする。ここでは、調査で用いる言語について記しておく。

　研究者の使用言語、話者が極めて多い主要言語、または、記述が十分になされている言語が研究対象となる場合、これらのいずれかを使って、調査を実施することになる。それに対して、記述が十分になされていない言語を研究対象とする場合、研究者が、調査開始時からその言語に堪能であることはまずない。

　一方、現実的には、インフォーマントの多くが、多言語話者である。「危機言語」の場合はなおさらである。彼ら自身が例えば民族語、地域共通語（例：

アフリカにおけるスワヒリ語など)、その地域の公用語（例：シベリアにおけるロシア語）などを使うことは、決して珍しいことではない。「危機言語」の話者の場合は、彼らの民族語と並んで地域共通語・公用語の運用能力も高い。サハリンの場合、ウイルタ語、ニヴフ語話者が自らの民族語の他にロシア語、日本語、朝鮮語などを運用することは決して珍しいことではないのである。

　彼らの民族語運用能力が高い場合は問題にはならない。だが、その能力が低い場合には、注意を要する。というのも、その言語データを収集しようと研究者がフィールドワークを行ったとしても、インフォーマントが使用する言語は、これらの地域共通語であり、公用語である場合が多い。彼らの民族語による発話を引き出そうとする場合には、研究者も試行錯誤が必要となる。

　その一方で、彼らが使う民族語以外の言語に見られる特徴については、データとして収集するのも方法である。それが「危機言語」であったとしても収集すべきである。研究対象として民族語の言語体系を記述することが、言語研究としての目標であるのは確かである。ただし彼らの多くが二言語三言語話者であるため、彼らの使うそれぞれの言語の記述も必要となる。

　だが、その言語話者が民族語以外に使用できる言語に見られる特徴についても、社会言語学的な分析をすることは可能である。研究者の厳密な問題意識からすれば、趣旨から外れることかもしれない。ただし、そこで収集されるデータは、その話者が民族語以外に使う言語に入っている、言語転移（language transfer）の程度を見るためのデータ、コード切り替えの実態を見るためのデータとなり得る。その意味でも、可能な限りの情報を収集すべきである。

　その意味でも、サハリンでの調査は様々な意義を持つ。現地の日本語を調査する場合、例えば朝鮮人に対して調査する場合、日本人調査者、韓国人調査者がそれぞれ日本語で調査することは社会言語学的に興味深い。また、同様のことは韓国人調査者が韓国語で現地の朝鮮人（または朝鮮語話者）に調査を実施する場合にも当てはまる。当然のことながら、韓国に永住帰国した朝鮮人（または朝鮮語話者）に日本人調査者が調査を実施するのも興味深い。

　このような方法でデータを収集すると、調査で使用する言語によって、話者の用いる言語（日本語と朝鮮語）に見られる言語的特徴が明らかになるのはメリットである。ただ同時に、彼らの語りから得られる当時の言語使用状況が必

ずしも同一であるとは限らない、ということは留意すべきである。調査者が日本人だから、韓国人だから、それに合わせた話をそれぞれする話者がいても不思議ではない。話者との関係は構築されていくことは変わりはないものの、調査する側は留意しておくことが望まれる。

3.4 フィールドワークの後にすること

フィールドワークが終わった後にすべきことは数多い。ここでは、そこで「すべきこと」を述べる。具体的には、データ整理・整備、コミュニティへの還元、調査データの継承、研究成果の方法を取り上げる。なお、データの分析はもちろんこの中に含まれるが、その具体的な方法は研究者の視点によるものなので、割愛する。

3.4.1 データ整理・整備

フィールドワークが終わったら、まず収集したデータの整理を行う。いつ、どこで、誰から収集したデータなのかがわかるような情報をデータに付ける。データ一覧を作成するのもよい。同時に、データの紛失を避けるために、忘れずにバックアップをとる。

整理を行ったデータが集積されていくと、まとまった言語資料となる。そのような状況になったとき、そのデータのコーパスとしての利用方法を考えるのも方法である。検索ができるようなタグ付け情報を付け加える、音声ファイルとのインタラクションを考える、録画資料がある場合は、書き起こした情報を取り込んだ形で整備することなどが考えられる。

このコーパスの利用範囲をどのように設定するのか、ということが次の課題になろう。言語研究としては、まずフィールドワーカー自身が利用すべきである。フィールドワーカーが問題設定として掲げた事柄について十分な分析を行うべきである。調査データは、本質的にはフィールドワーカーがもっとも使いやすいと感じるはずである。その意味でも、学術的な貢献ができるような成果を出せるよう、努めるべきである。

3.4.2 コミュニティへの還元

　データ整備を進めるのと並行してすべきことは、コミュニティへの還元である。当然のことながら、調査に応じてくれた話者に対するお礼はすべきである。それと同時に調査を実施するまでに関わった現地の関係者に対しても、調査が終了したことを伝えるべきである。

　調査結果については、できるだけ早い時期に、コミュニティに対して発信すべきである。その内容は、必ずしも専門性の高いものでなくてもよい。住民にわかりやすい内容としての情報発信に努めるべきである。その際、住民の多くがアクセスしやすい媒体（テレビ・ラジオ・新聞など）にするのが望ましい。

　これと同時に、調査の関係者や地元の自治体、マスコミ、博物館などから、調査結果に関する情報の提供について提案してもらうのも方法だろう。その具体的な形は、コミュニティによって、住民からの要請度によって、異なることが予想される。

　言語研究としてできることは数多くある。もっとも学術的なものは、辞書の編纂であろう。辞書を持ち合わせていない言語の場合、重要な作業となる。書き言葉を持ち合わせていない場合、正書法の確立が期待される。表記上、既存の文字体系に補助符号をつける場合、調査の関係者と連携して活動する必要がある。

　これと同時に、言語継承を行う意味で、教科書の作成にも取り組むべきである。民族語教育は、多くの場合、ボランティアの活動によって支えられている。その活動を支援するという意味においても、必要な作業であろう。

　この他には、調査で集録した音楽を編集してみるのも1つの手である。話者による歌の記録は、言語文化論的にも非常に価値の高いものである。また、昔話を絵本にしたり、談話録にしたりするような試みもよい。地域の出版社や民間企業などの援助を受け、本を出版することも、言語の記録を考えるうえで大切なことである。なお、出版には費用がかかることから、経済的な協力関係をコミュニティから得ておくことも必要である。

　サハリンの日本語に関する情報については、戦後日本に引き上げてきた人たちによって編纂される書籍、文集、CD、写真集などがある。ウイルタ語、ニヴフ語に関しては、彼らの昔話を絵本にして刊行する試みが、現地に拠点を置

くサハリンエナジー社の出版助成を受けて実施されている。

3.4.3 調査データの継承

先に述べた既存の資料と並んで、調査で収集した言語資料については、その使用範囲が特定の研究者にとどまることがないようにすべきである。1人の研究者が収集できる言語データは、長くて50年分であろう。その期間に収集できる言語資料（調査票・音声資料・録画資料・集計結果表など）は、膨大なものになる。

ただし、その研究者のキャリアを終えた場合、その資料が、後進の研究者が利用できるようなところに提供されるとよい。研究対象が「危機言語」の場合、収集された言語資料を利用したい研究者は少なくはないと考えられる。

具体的には、大学院生が利用できるようにすることが、その方法として考えられる。その意味では、言語学的分析を行う教材として用いてもよい。データ収集の方法、整備の方法を考える上でも、若手研究者には、貴重な情報となるはずである。

3.4.4 研究成果の公表活動

調査データを用いた分析結果は、積極的に成果として公表すべきである。研究分野に関連する国内外の学会で、フィールドワークで得られた研究意義について、より多くの研究者に知らせる義務がある。学会での発表、学術雑誌への投稿、商業雑誌への執筆などを行うことは言うまでもないことである。

研究書の出版と並んで、フィールドへの還元の意味を込めて、一般書を出版することが理想的である。研究者が研究論文で用いる言語ではなく、フィールドの住民が理解できる言語であればなおよい。後進の研究者を育成するという意味では、フィールドワークの醍醐味が伝わるような内容の一般書を刊行することも必要である。幸いなことに、呉人 (2003) や中川 (1995)、中島 (1997)、梶 (1993)、津曲編 (2003) などで、その具体的な事例を知ることができる。

調査研究の多くは、研究者の個人的な探究心から生まれることである。この探究心とコミュニティの研究者に対する期待との間に齟齬がある場合もある。その場合、できるだけコミュニティの関係者にとっても有益になるような工夫

が求められよう。調査を通して、研究者もコミュニティにとってもプラスになるような関係を構築していくべきである。

3.5　おわりに

　本章では、言語研究としてのフィールドワークについて、フィールドワークをめぐる社会性、フィールドワークの手順、コミュニティへの還元の方法などについて述べた。同時に研究対象となる言語が消滅の危機に瀕した言語の場合に留意すべき事柄についても適宜説明を試みた。

　フィールドワークを行うこと自体、研究者の側もコミュニティの側も、学術的にも社会的にも収穫の多いものである。ただし、研究の対象が言語を使う「人間」であるがために、フィールドワークを行うことで生じる変化があることも確かである。その両者の間での試行錯誤は時代を問わずに生じることになろう。

　ただし、どの時代においても、言語学者として、話者から提供された言語資料から言語構造を明らかにしようとする使命は変わらないのである。それが「危機言語」となると、研究の緊急性から早急に取り組む必要がある。もちろん、それには、調査に協力してくれる話者の存在が必要不可欠である。その意味でも、調査で対象となる話者との関わり方は慎重かつ丁寧でありたい。というのも、調査で収集した録音データの文字化資料を見るだけではわからないことが数多いからである。研究対象が「危機言語」の場合はなおさらである。

第4章
サハリンに生まれた日本語の接触方言

4.1 はじめに

　本章で取り上げるのは、接触方言としての樺太方言にみられる言語的特徴である。この言語的特徴に関しては、著者がこれまで現地で実施してきたフィールドワークで収集したデータで観察されたものを対象にする。対象となるのは、現地で生活してきた日本人、また、1905年から1945年までの間に現地の日本語教育等で学習した、または自然習得した日本語話者である。具体的には、アイヌ人、ウイルタ人、朝鮮人、ニヴフ人たちである。彼らの自然談話資料で使われた言語的特徴の記述を、(1) アクセント、(2) 音声・音韻、(3) 形態、(4) 語彙、(5) 言語行動のそれぞれのレベルについて試みる。

　本章では、まず、樺太方言が形成された背景を整理する。それを踏まえ、先に挙げたレベルの言語的特徴を見る。最後に、樺太方言の今後に関する見解を示す。

4.2 樺太方言が形成された背景

　現在の樺太方言が形成されるきっかけとなったのは、1905年から1945年まで日本が南樺太を領有した時期であった。日本各地からの約40万に上る移住者で賑わうことになったのである。図9は、南樺太と北海道への移住者の出身地構成である。1941年度樺太庁統計書に記された出身地の上位10県を示している。比較のために北海道への移住者についても同様の地図を作成した。図10に示す。

　図9、図10から、南樺太、北海道への移住者の出身地構成はほぼ同じとみなしてもよい。また、樺太庁 (1941) によれば、南樺太への移住者は北海道がもっとも多い。その意味においても、樺太方言と北海道方言の関係は十分に検討する必要があると言える。

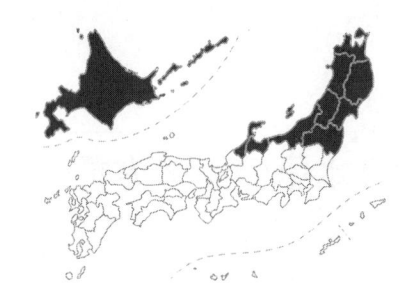

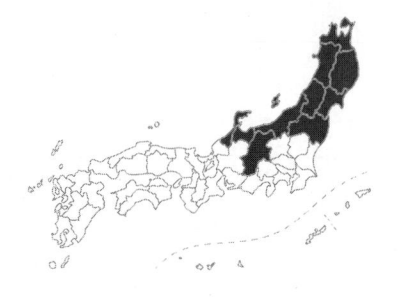

図9　南樺太への移住者（上位10県）　　図10　北海道への移住者（上位10県）

4.3　樺太方言に見られる言語的特徴

　図9に示したように、樺太方言は、移住者の多い北海道、東北地方で使われていた方言間の接触を経て形成されたと考えられる。北海道方言（特に内陸部方言）は接触方言と言われる。この点で北海道方言のどのような要素がサハリンの日本語に取り込まれているのか、他地域の方言の場合はどのようなものなのか、大変興味深い。
　そこで、本節では、著者がこれまで現地で行ってきたフィールドワークで得た調査資料、ならびにサハリンをフィールドとした他の調査研究で収集された調査資料を用いながら、樺太方言の特徴を概説する。

4.3.1　アクセント
　最初にアクセントを取り上げる。平山（1957）では、樺太方言と北海道方言との関係を次のように述べている。

　　　…樺太方言の主流音調においては、北海道と共通する点が多く、音調以外の音韻、語彙、語法などもすべて北海道の縮図の観がある

　この記述は樺太方言の特徴を考える上で大きな意味を持つことになる。平山はその根拠として表7に挙げるようなアクセントの対応表を示している。

第 4 章　サハリンに生まれた日本語の接触方言　55

表 7　1930年代における二拍名詞アクセントの比較

	1 類	2 類	3 類	4・5 類 (a、e、o)	4・5 類 (i、u)
	端・鼻	橋・歌	髪・花	肩・朝	海・秋
樺太（敷香）	LH/LHH	LH/LHH	LH/LHL	LH/LHL	HL/HLL
北海道（札幌）	LH/LHH	LH/LHH	LH/LHL	LH/LHL	HL/HLL

　このデータが収集されてから70年以上が経つ。その間に樺太方言にどのような変化が生じたのであろうか。幸いなことに、平山が1938年に調査した時の被調査者の1人に2008年7月に札幌でアクセント調査を実施することができた。表 8 はその結果である。

表 8　二拍名詞アクセントの経年変化

	1 類		2 類		3 類		4・5 類 (a、e、o)		4・5 類 (i、u)	
	端	鼻	橋	歌	髪	花	肩	朝	海	秋
2008年	LH/LHH	LH/LHL	LH/LHH	LH/LHL	LH/LHH	LH/LHL	LH/LHL	LH/LHL	HL/HLL	HL/HLL
1938年	LH/LHH						LH/LHL		HL/HLL	

　表 8 に見るように、この話者のアクセントは 4 類・5 類は変わりないが、1 類・2 類・3 類については、二拍目の母音の広狭によって平板型か中高型が弁別されるようになっている（Asahi forthcoming）。なお、戦後、サハリンに残って生活をしてきた日本人の間では、このアクセントに見られる経年的な変容の姿はこれよりも複雑で、個人差が顕著である（朝日2008a、2008bなど）。日本語話者のほとんどがサハリンを離れ、それまでとは異なる規範意識の中で日本語が使われてきた結果とも受け止められる。

　また、ウイルタ人、ニヴフ人の使う日本語のアクセントについても概観したい。詳細は第 7 章で取り上げるが、彼らのアクセントは一型音調である。この記述は、平山（1957）にも確認できる。平山の調査が実施されてから70年以上経過しているが、現在の彼らのアクセントに変化は生じていない。

4.3.2 音声

　次に、音声的特徴を取り上げる。前節でも触れたが、樺太方言は、北海道方言・東北方言の影響を強く受けている。両方言の特徴には音声的特徴があることは周知の通りである。

　これまで収集してきた調査データから、次のような音声的特徴が確認できた。発話例とともに見てみよう。なお、カッコ内は話者の【生年・性別・民族】を示している。

Ⅰ　イとエの混同

　「イ」が「エ」(例1、2)、「エ」が「イ」となる場合 (例3、4) がある。この傾向は、北海道海岸部方言、東北方言などで観察される。

　　　(1)　エ (胃) エブクロ (胃袋) でしょ　　　　【1936年・男・日本】
　　　(2)　エキ (息) エキ (息) かい　　　　　　　【1933年・女・ウイルタ】
　　　(3)　コイ (声) コイ (声) が出る　　　　　　【1936年・男・日本】
　　　(4)　コエ (鯉) コエ (鯉) だ　　　　　　　　【1934年・女・日本】

Ⅱ　ヒとシの混同

　「ヒ」を「シ」と発音する場合がある (例5、6)。これは、道南地域、関東南部、東北、長野、新潟、富山などで観察される (国立国語研究所1966)。

　　　(5)　たくさんシト (人) が入ったり出たりしてますよ
　　　　　　　　　　　　　　　　　　　　　　　　【1931年・女・日本】
　　　(6)　土地をシライテ (開いて) 農業したり　　【1936年・男・日本】

Ⅲ　カ行・タ行子音の有声化

　カ行、タ行子音が語頭以外の環境で有声化する現象も見られる (例7、8)。この現象も北海道海岸部、東北地方の方言的特徴である。

　　　(7)　おかあさんに　ニデル (似てる) んだ　ワダシ
　　　　　　　　　　　　　　　　　　　　　　　　【1938年・女・アイヌ】
　　　(8)　したから　今度　もっと　ツガワナイ (使わない) から　もっと
　　　　　　できない　　　　　　　　　　　　　【1929年・女・朝鮮】

IV チとツの交替

ウイルタ人に見られる特徴で、「ツ」[tsɯ]が「チ」と発音される（例9、10）。これはもともとウイルタ語の音韻体系に「ツ」が存在してないことによる。

(9) いやー　ナチガシカッタ（懐かしかった）　ナチガシ（懐かしい）
【1926年・女・ウイルタ】

(10) 10ガチ（月）10ガチ（月）6日　　　　【1926年・女・ウイルタ】

V 鼻濁音［ŋ］の使用

樺太方言では、鼻濁音の使用が広く認められる。平山（1957）にも同様の指摘がなされる。

4.3.3 形態

次に、樺太方言に見られる形態レベルの特徴について述べる。上述の音声的特徴と並んで、形態レベルにおける特徴も確認される。やはり北海道方言、東北方言の特徴を多く持ち合わせているが、中には西日本方言の特徴も垣間見られる。以下、その発話例とともに述べる。

I 格助詞「サ」の使用

東北方言・北海道方言で使われる格助詞「サ」の使用が確認できる。これまでのフィールドワークで確認した「サ」の用法として、方向（例11、12）・場所（例13）などがある。

(11) 誰だか　遊びに　日本サ　来て　（動作の帰着点）
【1936年・女・日本】

(12) で　そっちのほうサ　見で　（移動の方向）
【1938年・女・アイヌ】

(13) そこサ　一晩　泊まっていった　（場所）　【1933年・女・日本】

II 推量・意志の「ベ」

推量・意志を表す助動詞「ベ」の使用が確認できる（例14、15）。関東・東北に広く分布する。

(14) あの 姉さん 来たら わかるべさ　　　　　　　(推量)

【1937年・女・朝鮮】

(15) 大事な 話だ でも そんなこと どーぜ しないべさ（意志）

【1939年・男・日本】

Ⅲ　可能の「―ニイイ」

　可能を表す「レル・ラレル」の他に北東北地方の方言形式である「―ニイイ」の使用も認められる（例16、17）。

(16) 日本だ 日本語だから みんな わかる しゃべるニイイんだけど

【1930年・女・ウイルタ】

(17) どぶろくは 芋でも 造るニイイし

【1939年・男・日本】

Ⅳ　アスペクト表現「―テイル」「―トル」の使用

　アスペクトを表す形式は基本的に「―テイル」または「―テル」である（例18）が、話者によっては西日本方言形式「―トル」を用いる場合（例19、20）もある。

(18) なに私たちも すこーしくらいは やっテタからね

【1929年・女・日本】

(19) 外に 出て 遊んドッタ わけさ　　　　【1922年・男・朝鮮】

(20) その 家で 食べて 仕事シトルから　　【1922年・男・朝鮮】

Ⅴ　人称代名詞

　樺太方言における人称代名詞（1人称、2人称）は表9のようにまとめられる。

表9　樺太方言の人称代名詞

	単数	複数
一人称	ワッチ、ワチ ワシ、ワタシ	ワタシガタ、ワチガタ ワシラ
二人称	アンタ、アナタ	アナタガタ、アンタガタ

表9にあるのは、著者がこれまで収集してきた日本語談話資料で主に確認された語形である。いずれの語形も北海道方言、北東北方言で使用されるものである。

なお、インタビュー場面ではないものの、著者が樺太方言話者とやりとりした中で、ロシア語の一人称代名詞である「Я」を使用している話者が一人だけいた。その話者の日本語運用能力はそれほど高くなかった。普段使用しているロシア語の語形が日本語談話に出てきた可能性もある。

4.3.4 語彙

次に、語彙に見られる特徴を取り上げる。ここでは、樺太野田小学校同窓会野田白樺会（1980）にある551語からなる「樺太ことば」を活用する。これに採録された語がどのような方言的特徴を持ち合わせているのかを石垣（1991）、小学館（1995）で確認し、現在のサハリンの日本語話者（3人）に使用意識に関する調査を2010年2月にユジノサハリンスクで実施した。

以下では、石垣（前掲）、小学館（前掲）のいずれかで採録された「樺太ことば」を取り上げる。具体的には、その語形が使用されている地域によって、次の4つに分類する。

Ⅰ 北海道に分布があるもの

北海道方言でその語形の使用が確認されるグループである。移住者がもっとも多い北海道から持ち込まれた方言語形である。

表10 北海道に分布のある語形

	語形	意味	使用地域
1	げれっぱ	最下位	北海道
2	たこ	土工夫	北海道
3	ぽっこぐつ	わらで作った防寒靴	北海道

Ⅱ 北海道・東北地方に分布があるもの

次は北海道方言、東北方言で用いられているグループである。このグループに該当する項目数は他のものより多い。これらの地域からの移住者が主要グ

ループを形成していたことが関わっていると考えられる。

表11　北海道・東北地方に分布のある語形

	語形	意味	使用地域
1	あいてくさい	相手にとって不足	北海道、青森、岩手、秋田、宮城
2	いいふりこき	よい格好する	北海道、青森
3	いたましい	惜しい	北海道、岩手、宮城、秋田、山形
4	おがる	生える	北海道、岩手、宮城
5	ガッチャキ	痔病	北海道、青森
6	がっぱ	女児の履物	北海道、青森、岩手、宮城、秋田
7	かます	混ぜる	北海道、青森、岩手、宮城、秋田、山形
8	からっぽやみ	骨惜しみ	北海道、秋田、岩手
9	がんべ	頭の吹き出もの	北海道、青森
10	ごけ	芸者	北海道、青森、秋田
11	ごしょいも	じゃがいも	北海道、青森、岩手
12	ざっぱ	魚のあら、臓物	北海道、宮城、秋田
13	ぜんこ	銭　お金	北海道、青森、岩手、宮城、秋田
14	だはん	だだをこねる	北海道、青森
15	でめんとり	日雇労働	北海道、青森
16	なげる	捨てる	青森、岩手、秋田、山形、宮城、福島
17	なまずるい	悪かしこい	北海道、青森
18	ねっぱる	くっつく	北海道、青森、岩手、宮城、福島
19	はんかくさい	アホ　馬鹿	北海道、青森、岩手
20	へらからい	苛辛い	北海道、青森、岩手
21	みば	外観	北海道、青森、福島
22	めっぱ	眼のおでき	北海道、青森、秋田
23	もっちよこい	くすぐったい	北海道、青森

Ⅲ 北海道と東北・北陸地方にかけて分布があるもの

北海道地方、東北地方に加えて北陸地方にかけて分布のある方言語形のグループである。図9からサハリン居住者の出身地の多い地域の方言語形が持ち込まれている様子が改めて見て取れる。

表12 北海道地方、東北地方、北陸地方に分布のある語形

	語形	意味	使用地域
1	あづましい	気持ちよい	北海道、青森、新潟
2	あまされる	嫌われる	北海道、岩手、新潟
3	かいべつ	キャベツ	北海道、青森、秋田、新潟
4	かくまき	角巻、女性の防寒着	北海道、青森、岩手、宮城、秋田、山形、新潟
5	がめる	盗む	北海道、青森、岩手、宮城、福島、栃木、群馬、千葉、新潟、長野
6	たなぐ	持つ	北海道、青森、岩手、宮城、秋田、山形、新潟、富山
7	はっけおき	易者、占い者	北海道、青森、岩手、宮城、秋田、山形、福島、新潟
8	はばける	喉に物がつかえる	北海道、青森、秋田、山形、新潟
9	めっこめし	半煮えのご飯	北海道、青森、岩手、宮城、秋田、山形、福島、新潟、岐阜
10	もっきり	コップの冷酒	北海道、青森、岩手、宮城、秋田、山形、福島、茨城、新潟

Ⅳ （Ⅲの地域に加えて）関東地方以西の地域に分布があるもの

最後に、Ⅲの地域よりも広い地域で用いられる方言語形のグループである。表中、関東地方以西の県名を見つけることができる。多くの場合、北海道・東北地方の住民が持ち込んだと思われるが、他の地方からの移住者が持ち込んだ可能性も窺える。さまざまな地域の方言語形が取り込まれていると考えてもよいだろう。

表13　関東地方以西の地域に分布がある語形

	語形	意味	使用地域
1	あきあじ	鮭（秋味）	北海道、青森、岩手、秋田、島根
2	かずける	罪を人になすりつける	北海道、青森、宮城、山形、福島、栃木、群馬、埼玉、東京、新潟、山梨、長野、岐阜、静岡、愛知、三重、島根、愛媛
3	かっちゃく	引っかく	北海道、青森、岩手、宮城、秋田、山形、茨城、東京、新潟、長野
4	ごんぼほる	駄々をこねる	北海道、青森、秋田、岩手、岐阜、三重
5	たかじょう	地下足袋	北海道、宮城、仙台、秋田、山形、新潟、群馬
6	ちっちゃこい	小さい	北海道、岩手、秋田、山形、宮城、福島、神奈川、三重
7	ばくる	交換する	北海道、青森、岩手、秋田、山形、福島、新潟、山梨、長野、岐阜、静岡、高知、長崎
8	やち	湿地	北海道、東北、関東、北陸

4.4　言語行動に見られる特徴

　最後に、樺太方言話者に見られる言語行動について触れておく。基本的に戦後のサハリンではロシア語へのモノリンガル化が進んでいる。ただし朝鮮人に対しては朝鮮語教育も実施された。現在、日本語運用能力の高い人を除けば、他言語の干渉を受けた言語行動が観察されるのも確かなことである。この点については、真田・朝日・金編（2012）を参照されたい。
　もっとも興味深い現象は、日本語とロシア語、朝鮮語を介在させたコード切り替えである。ここでは、日本語と朝鮮語の切り替え、樺太アイヌ人による日本語とロシア語のコード切り替えの例を取り上げる。

　　(21)　KL：なくなんなぐても横についてたよ。(KB：あー) しかもその橋ね、よく話聞いたよ。して、その話もゆってから、あれ、고개 넘어서 친정 가니 하잖아요．(峠を越えて実家に帰るとか言うじゃないですか。)

KB：あー峠を越えて

KL：응、그래、してから、そごへ行ってからね、日本がらうぢの 사촌 오마가 내려 오셨어（いとこの兄が下って来られた）．ん、そう、

KB：いとこ、いとこの兄さん。　　　　　【1940年・女・朝鮮】

(22) もう１回乗る船いぐって（地名）さいつでもくるでしょ、パスポート調べに。Ещё один раз будет не волнуйтесь, поедем ещё.（もう一度船が出るから心配するな）Много（たくさん）も　いっぱいいぐ　人　いるって　　　　　　　　　【1938年・女・アイヌ】

このような例は、サハリンにおける言語生活で頻繁に観察されるものである。樺太方言の運用能力をめぐる個人差の存在は否めない事実である。

4.5　今後の展望

　本章では、サハリンの日本語は、アクセント・音声・形態・語彙のそれぞれのレベルにおいて、北海道方言、東北方言を基盤とし、他地域の方言的特徴を取り込んだ接触方言であることを示した。

　一方、樺太方言は4.1でも触れたように、今後サハリンで継続的に使用される可能性は低い。ロシア語へのモノリンガル化が進んでいる。また、現地の日本人は、民族語である日本語能力を向上・維持させようという意識を持っているわけでもない。日本語を第二言語、第三言語として身に付けた人たちの日本語の記述は、その必要性は認識されているものの、現地で喫緊の課題となっているかどうかは別である。サハリンの日本語が消滅する運命を変えることは不可能に近い。

　それだからこそ、サハリンの日本語を記述するために、サハリンに居住する日本語話者の情報を継続的に把握し、調査を実施していくことが必要である。そのフィールドはサハリンに留めるのではなく、引揚者、永住帰国者の住む日本・韓国でも実施する必要がある。

　また、同じフィールドで調査をする研究者・研究機関・博物館に保管されている言語資料の共有化を図ることも大切なことである。例えば、歴史学、民俗学、文化人類学の研究者が現地で日本語を媒介言語として調査をしている場合

がある。被調査者による日本語発話は社会言語学者としては、非常に貴重な資料である。そのための体制作り、研究基盤の構築などが必要であろう。

4.6　おわりに

　以上、サハリンで使われてきた日本語を取り巻く社会言語学的状況を概観した後、日本語の言語的特徴について、調査で収集した調査データを用いながら考察した。それをもとに今後の展望について述べた。

　樺太方言は、その形成の特異性から実にさまざまな課題がある。本章で挙げた言語的特徴がどの程度一般化できるものなのかどうかについては、今後改めて考察しなければならない。また、日本語とロシア語、朝鮮語のコード切り替えについても、そのメカニズムを明らかにしていきたい。いずれも今後の課題とする。

第5章

ポロナイスク（敷香町）における言語接触

5.1 はじめに

　本章では、サハリン中部に所在するポロナイスクにおける言語接触を取り上げる。ポロナイスクは日本が領有した時代（1905年～1945年）は、敷香として知られた町である。この町は、古くからサハリン北部と南部の中継地点として栄えたことから、「言語のるつぼ」としての性格を持ち合わせていた。また、ウイルタ人、ニヴフ人、ヤクート人などの北方先住民族が居住し、彼らに対する日本語教育が日本領有時代に実施された。その結果、現在でも当時の日本語教育を受けた人たちは日本語を使うことができる。本章では、現在のポロナイスクにおける言語状況に至った経緯を説明し、日本語が置かれた地位を検討する。

　具体的には、次に挙げる3つの時代区分を設定し、説明を試みる。

　(a)　日本領有時代より前の時期（1905年まで）
　(b)　日本領有時代（1905年～1945年）
　(c)　日本領有時代より後の時期（1945年～現在）

以下、まず本研究のフィールドであるポロナイスクを概観する。その後、それぞれの時代における言語状況を、日本語の使用を中心に説明し、ポロナイスクにおける日本語の位置付けを試みる。最後に、まとめと今後の課題を述べる。なお、本章は朝日（2004a、2005b）にもとづくものである。

5.2 概要

最初に、本章が取り上げるポロナイスクの概要をまとめておく。

5.2.1 地名

　ポロナイスクは、アイヌ語で「大きな川」の意味である「ポロナイ」に出来

する。ロシア語の地名としては、この他に「チフメネフ」または「テルペーエフスキ」と呼ばれていた（敷香郷土研究会1930：2）。

　日本領有時代は、「敷香」と呼ばれていたが、「シスカ」と「シクカ」の2通りの読みがあったようである（菱沼ほか1982：105）。「シスカ」という読みが定着したのは、明治以後のことである。江戸時代までは「シツカ」と呼ばれていた（菱沼ほか前掲）。また、「シスカ」と「シクカ」との使い分けについては、管見の限り明らかではない。だが、太田（1935：108）によれば、郵便局では、電報なども「シクカ」ということになっていたようである。

　この他にもヴィシネフスキー（2005：36）に掲載されているポロナイスク周辺の地図では、敷香にはСикука（シクカ）という表記が当てられている。両形式が併用されていたと考えられる。なお、漢字による表記は「静河」や「シ河」とした時代もあったが、1873年に刊行された「林氏紀行」には「此島五十度の邊は敷香川を以って境とす」として、「敷香」という字が当てられるようになった（菱沼ほか1982：105）。

5.2.2　位置

　ポロナイスクは、図11に示すように南サハリンの北部に位置する。ユジノサハリンスクから約300km離れており、鉄道で7時間〜9時間、車で5時間〜7時間かかるところにある。ポロナイスクは、サハリン中部における中心都市の1つである。この街がオホーツク海に面し、ポロナイ川の河口に位置することから、漁業が盛んである。同時に、ポロナイ川を利用した木材の運搬も可能なことから、林業も主要産業の1つである。

　日本領有時代、敷香には敷香支庁が置かれたこともあり、この地域でもっとも栄え

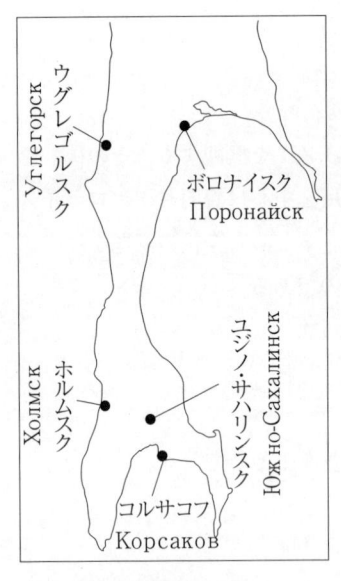

図11　南サハリン

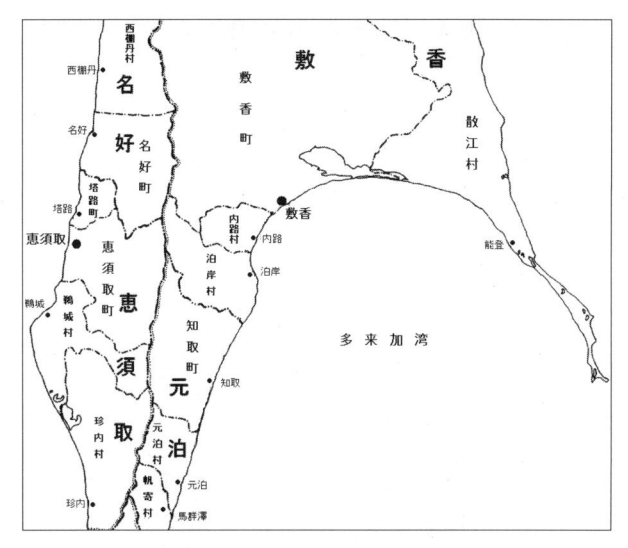

第 5 章　ポロナイスク（敷香町）における言語接触　67

図12　日本領有時代の敷香周辺

た。日本最北の地としても知られ、「オタスの杜」をはじめとして、観光地としても有名であった。

5.2.3　人口

　ポロナイスク市の人口は、2002年で、17,954人である（2002年度全ロシア国勢調査）。日本領有時代には、敷香支庁全体で30,310人まで増加した（中尾1983：189）が、戦後、人口は減少する傾向にある。現在は主にロシア人が多いが、他の民族も居住している。1989年に行われた全ロシア国勢調査から、その内訳を知ることができる。表14は、1989年の全ロシア国勢調査で示されたポロナイスク地区の人口である。
　表14からポロナイスクには、ロシア人をはじめ、ウクライナ人が多く居住しており、それに白ロシア人が続いていることがわかる。
　一方、北方民族は、335人いることも確認できる。その内訳をみると、ウイルタ人がもっとも多く、それにニヴフ人、オロチ人が続いている。この他にも朝鮮人が1,650人いることも興味深い。ポロナイスクでは、ロシア人の次に大きなグループとなっている。またこの地には、日本人も居住している。表14か

表14　ポロナイスクの民族別人口

民族	総数（人）
ロシア人	20,733
ウクライナ人	1,188
白ロシア人	326
モルドバ人	158
タタール人	267
チェバシュ人	91
ユダヤ人	14
北方民族	335
ニブフ人	90
ウイルタ人	102
オロチ人	40
朝鮮人	1,650
ドイツ人	40
その他	408
参考　日本人＊	363

＊サハリン全体の総数

らは、その詳細を窺い知ることはできないが、2004年に著者が現地で行った調査から、日本人が居住していることが確認されている。なお、日本人は1989年、サハリン全体で363人居住していることがわかっている。表中、「その他」に日本人が含まれる可能性がある。

このように、ポロナイスクには、日本人を始めとして、朝鮮人、ウイルタ人、ニヴフ人が居住しており、日本語が使用できる、または、理解できる人がいると考えられる。

5.3　日本領有時代より前の時期における言語状況

まず、日本がサハリンを領有する前の時代における言語状況から説明する。日本語を使用する人がサハリンに現れたのは、15世紀ごろと言われている（朝日2004a：129）。当時は、日本人とアイヌ人との間では、日本語ではなく、アイ

ヌ語でやりとりがなされた。このことは、松前藩の役人たちが流暢なアイヌ語を使用していたという記録に確認できる（Wurm 1996b：981, Asahi 2007）。サハリンに日本人はいたものの、異なる言語背景を持つ人とのコミュニケーションに日本語が用いられることはなかった。

　しかしながら、ポロナイスクでは日本語話者との接触という意味では、古くから関わりがあったようである。ヴィシネフスキー（2005：31）によれば、沿海州からわたってきたニヴフ人、エヴェンキ人、ヤクート人がポロナイスクに寄宿した後、サハリン南部でアイヌ人、ウイルタ人、日本人、ロシア人と交易していた。交易の際に使用された言語については、推測の域を出ないが、当時、アイヌ語がリンガフランカとして用いられていた（Wurm 1996b：981）ことを考慮に入れると、アイヌ語が用いられた可能性が考えられる。ただし、これで日本語がまったく使われなかった、ということには必ずしもならない。仕事上のやりとりで、片言の日本語を日本語話者に対して使っていたことも考えられる。当時の彼らが多言語話者であったこと（Wurm 1996b：978, Gruzdeva 1996：1008）を考えると、日本語の知識を持ち合わせていたということもあり得る。

　ポロナイスク周辺に日本人が登場するようになったのは、18世紀半ばと考えられる。上述した通り、サハリンはオホーツク海に面した島であり漁業に適している。漁場の範囲については日本とロシアの間でやりとりがあったものの、その中で日本人の漁師が漁場を求めてオホーツク海を北上していった記録がある。野添・田村（1978）によれば、サハリンの漁業が本格化したのは、漁場を開いた1752年以降である。明治時代になるまでは、伊達林右衛門、栖原小右衛門らが漁場請負人として活躍していたが、1875年ごろからサハリンの漁場は、すべて民間の出稼ぎによるものとなった。ポロナイスクは、当時、主要な漁場となったのである。

　その後、樺太千島交換条約によって、サハリンはロシア領となった。だが、日本人によるサハリンへの漁業出稼ぎは継続した。ここで、日本人漁場主、使用日本人漁夫の数の推移を表15にまとめた。

表15　日本人漁場主と漁夫数の推移（野添・田村1978：4）

	日本人漁場主	日本人漁夫	使用日本人漁夫
1876年	13	530	—
1903年	30	3,931	3,351

　ここから、全体的にサハリンに出稼ぎに出る日本人は増加し、1903年の時点で、7,000人以上の日本人がサハリンでの漁業に従事していることがわかる。当時の言語事情に関する記述は、管見の限り見当たらない。だが、出稼ぎ漁夫の数を考えると、漁場で日本語が使用されていたことは想像に難くない。彼らの中には東北・北海道地方から来た人たちが多かったことを考えると、彼らが持ち込んだ方言との間で接触が生じていたと思われる。

　この他にも、サハリンが1875年にロシア領となって、ロシア人漁場主は日本人漁夫を使ったことから、日本人漁夫の数も年を重ねるごとに増加した。表15にある「使用日本人漁夫」はこれに該当する。このような状況を踏まえると、ポロナイスクで当時生活していたロシア人をはじめとした諸民族との接触場面で、ピジン日本語が使われていた可能性が考えられる。

　日本人とロシア人との間でピジン日本語が使われたという記述は、Gruzdeva（1996：1009）、Bigelow（1923：207）で指摘されているものの、具体的な事象については不明である。しかしながら、日本人とニヴフ人、ウイルタ人との間で使用されていたピジン日本語の特徴の一部が、中目（1913）に確認される。次のようである。

　　　今日土人ノ使用スル日本語ハ多ク東北北海道等ノ漁夫ヨリ聞キ伝ヘタルモ
　　　ノニシテ乱雑極マリ本邦ノ標準語ヲ去ル極メテ遠ク日本語ト称スルノ価値
　　　アルヤヲ疑ハシム程ナレハ・・・

　すなわち、日本人漁夫とウイルタ人、ニヴフ人との接触場面で使われた日本語は、「標準語ヲ去ル極メテ遠ク」、日本人漁夫の用いた方言的特徴の多い日本語であったと考えられる。だがこれは、日本人との接触場面では臨時的な言語使用が求められた結果とも判断できる。このような日本語が使われるのはある

意味自然のことであり、彼らが標準語とは異なる言葉を自然に習得したと考えられる。

5.4 日本領有時代における言語状況

1905年、日露戦争後に締結されたポーツマス条約によって、南サハリンは日本の領土となった。その後1945年までは、日本が領有することとなる。公的な場で日本語が使用され、日本人以外の人たちに対する日本語教育も実施された。本節では、日本領有時代におけるポロナイスクにおける言語状況を（1）敷香教育所における日本語教育、（2）日本名の付与の在り方、（3）出稼ぎ漁夫らが使った日本語の特徴に絞って考察する。

5.4.1 多言語社会としての敷香町

サハリンはもともと多言語、多民族の島である。日本領有時代の樺太では、特に敷香町が多言語社会としての特色がもっとも強く出ていた。第2章でも触れたように、当時のサハリン総人口の90％以上が日本人であったことから、基本的には日本人のみで構成される町村がほとんどであった。その中で異彩を放っていたのが敷香町である。

その一方で、この町全体が多言語社会かというとそうではない。図13に示したように、日本人が居住する市街地があり、その郊外の「オタスの杜」にウイルタ人、ニヴフ人らが生活していたのである。

では、この当時の敷香町の市街地では、この「オタスの杜」がどのようにとらえられていたのであろうか。図15は「樺太年鑑」に掲載されていた、旅館の広告である。敷香町にある櫻屋旅館の宣伝文句を見ると、

　　オタスの森土人部落（ギリヤーク、オロチョン、ツングース、サンダー、ヤクーツ各人種）は全国唯一の名所として何時でもご案内申上ます

とある。彼らの居住区を観光地として扱っていることがここからわかる。実際、オタスの杜に居住するウイルタ人、ニヴフ人が接点をもった日本人の多くは、現地を訪問した観光客たちである。ウイルタ人、ニヴフ人はその日本人への土産品をつくっていたことが小川（1997）などに記されている。このように「オ

図13　敷香とオタスの杜の位置

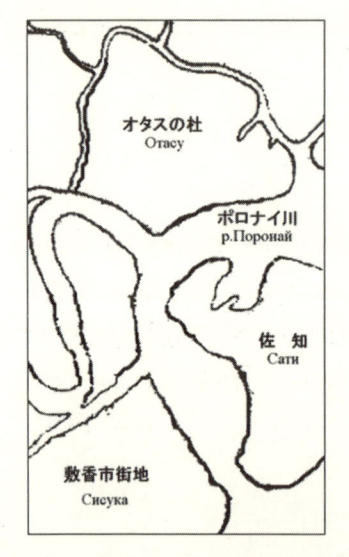

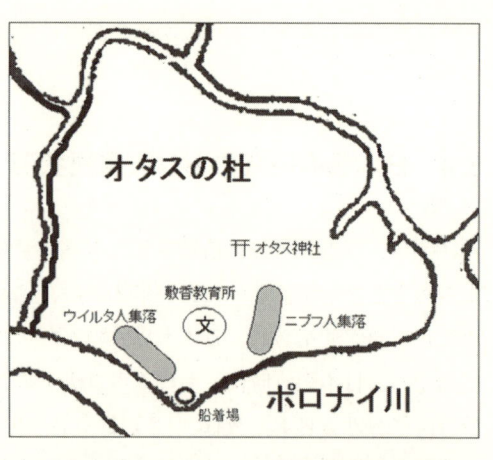

図14　ウイルタ人・ニヴフ人集落の位置

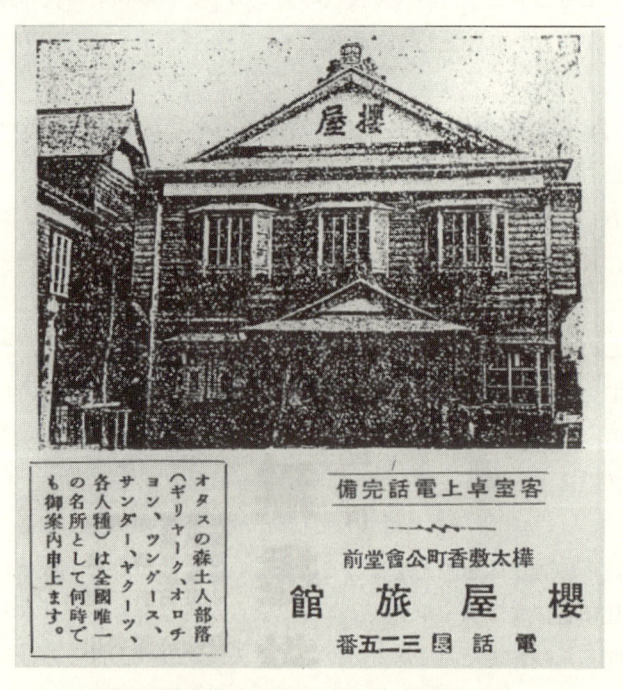

図15　樺太敷香時報社（1939）『樺太年鑑』

タスの杜」で、日本人と彼らが接触するような状況が終戦まで続いたのである。

5.4.2 敷香教育所における日本語教育

　敷香教育所は1930年に設立された土人教育所の１つである。第２章でも触れたがサハリンの総人口の95％が日本人であったことから、日本人以外に対する教育は、南樺太に７箇所設置された土人教育所と呼ばれる学校で実施された。土人教育所には、主にアイヌ人、ウイルタ人、ニヴフ人が通っていた。だが、1933年に実施された樺太施行法律特例改正により、アイヌ人が日本人と同じ学校に通うこととなったため、土人教育所自体が縮小した。その結果、1945年まで開校されたのは、敷香教育所だけであった。

　敷香教育所は、オタスの杜に位置する（図13参照）。オタスは敷香市街地から、20町（約2.1km）離れており、「通船おたす丸」で行くこととなっていた（敷香支庁1937）。オタスの総面積は87万坪（約89,100km^2）である。土地の半分はツンドラ地帯であるが、もう半分は砂丘であった（樺太庁敷香支庁1932）。「オタス」の由来は、アイヌ語の「オタウシ」（「砂」（＝「オタ」）が「ある」（＝「ウシ」））という説もあるが、十分な結論は得られていない（ヴィシネフスキー2005：33）。

　オタスの杜には、図14に示すように、ウイルタ人の集落とニヴフ人の集落があり、その中央に敷香教育所が置かれた。学校では、川村秀弥が教鞭に立った。敷香教育所は６年間教育で、全学年が同じ教室で授業を受けていた。当時の土人教育所における様子を見ると、教育所に通う児童は少なかったものの、就学率は1931年において100％であった（川村1994）。学校では国語、書き方、唱歌、手工、算術のほかに、実業科と作業科があり、それぞれ農業、水産実習、薪の収集や除雪、道路の地ならしを行ったようである。1938年の時点で、敷香教育所ではウイルタ人が13人、ニヴフ人８人、サンタン人２人の計23人が学習していた（樺太敷香時報社1939）。

表16　敷香教育所で取り上げられた科目と使用言語

	十時 修身	計算	十一時 日本語	唱歌	一時 手工
一年	土語ニテ授ク	数ヘ方百迄 二十迄加減 土語ヲ用ユ	名詞代名詞ノ使用法 動詞ノ一部 日本語ヲ用ユ	小学一年ニ準ス 日本語ヲ用ユ	鉛筆画 紙細工
二年	土語ニテ授ク	百迄加減九九ノ唱方 算用数字百迄 土語ヲ用ユ	動詞形容詞テニオハ等 日本語ヲ用ユ	小学二年ニ準ス 日本語ヲ用ユ	色鉛筆画 樺皮細工 小刀細工
三年	日本語ニテ授ク	千迄テ加減乗除 日本語ヲ用ユ	片仮名平仮名 国定教科書一、二 日本語ヲ用ユ	小学三年ニ準ス 日本語ヲ用ユ	図画及革細工 以上男子 図画刺繍 以上女子
四年	日本語ニテ授ク	四則応用 日本語ヲ用ユ	国定教科書三、四 日本語ヲ用ユ	小学四年ニ準ス 日本語ヲ用ユ	木工　以上男子 裁縫　以上女子

　表16は中目（1913：116）をもとにして、敷香教育所における1年生から4年生の科目名と使用言語をまとめた。この表から、日本語の授業、および、唱歌の授業では1年生の授業から日本語が用いられるが、算術、修身の授業は2年生まで「土語」が用いられていたことがわかる。表中、「土語」として扱われている言語は、ウイルタ語である。つまり敷香教育所では、授業で日本語とウイルタ語が用いられていたのである。

　ヴィシネフスキー（2005：116）によれば、写真2に示すように、黒板には、ウイルタ語の数詞が書かれるほかに、次のような挨拶が、日本語とウイルタ語で書かれていた。

日本語		ウイルタ語
今日は	＝	ソロジェー
左様なら	＝	アヤカンジ
ありがたう	＝	アグダプセ

　ここで、注意しなければならないのは、敷香教育所にはニヴフ人も通ってい

写真2　教育所の授業風景（北方記念館蔵）

たということである。ニヴフ語とウイルタ語は、類型論的にもまったく異なる言語である。そのため、ニヴフ人はウイルタ語を理解できないと考えられた。しかしながら、著者が2004年にポロナイスクで行った調査では、ニヴフ人たちはウイルタ語が使用できたとの報告を受けた。ニヴフ人は、これまでもウイルタ語をはじめとしてアイヌ語などを習得してきた経緯が認められる（Wurm 1996 a）が、オタスの杜に住むニヴフ人についても同様のことが言えそうである。

　なお、学校では日本語以外の言語の使用が認められなかったこと（北川1997）で、日本語が多用され、日本語の習得が進んだものと思われる。敷香教育所の卒業生の成績は、高田（1936）によると、良好であり、通信や官公省の雇員、代用教員となったものもいるそうである。この他、社会教育についても、青年団、女子会、婦人会等を設け、教育所の職員が指導に当たったという記述も見られる（高田1936）。

　このような中で習得された日本語の特徴については、本格的な記述はなされていないものの、当時の日本語の特徴を記述したものが散見される（70頁の中目（1913）を参照のこと）。その他にも、当時の教育所の学業成績についての敷香土人事務所による報告では、「国語科：（中略）敬語はなかなか会得し得ない」としていることから、ウイルタ人、ニヴフ人が使用していた日本語には敬語が使用されてないと判断できる。日本語の習得過程で、敬語体系を習得する必要

がなかったことも考えられる。日本語母語話者とのコミュニケーションにおいてでさえ、方言色の強い日本語が用いられたことからも、当地で使用する日本語には敬語使用の必要性は低かったように思われる。したがって、彼らが習得した日本語は、欠落があるのではなく、より単純化した日本語であるとした方が妥当である。この他にも、二人称をめぐっては、「オメー」という語形を常用しているようである。田辺 (1927) によれば、ウイルタ人、ニヴフ人は支庁長のような目上の人に対しても「オメエ」を使用すると記しており、この語形が専用されていたようである。日本語の二人称をめぐっては、「アンタ」「アータ」「キミ」などのようにバラエティに富んでいる。その中で、特定の語形が用いられるのは、現地の日本語が単純化した例として解釈される。

これに類似した例を彼らのアクセントにも見出すことはできる（平山1957）。平山（前掲）では、日本語能力の高い子どもたちに調査を行った結果、彼らのアクセントに一型音調（平板一型）を認めると指摘している。彼らの先生、つまり川村秀弥は、秋田県の出身で多型音調の持ち主であるため、それとは異なる。第7章でウイルタ人日本語話者へのアクセント調査結果の詳細を取り上げるが、型の区別が崩壊した一型音調が観察されたのも、単純化の進んだ彼らの言語使用と判断できそうである。

敷香教育所では、このように、言語背景の異なる民族が集まり、日本語による教育がなされた。ウイルタ人とニヴフ人が共通語としての日本語を習得するとともに、日本社会で生活していくのに必要な言語としての日本語を習得した機関と言えよう。

5.4.3 日本名の付与の在り方

現在でも、日本語が流暢であるアイヌ人、ウイルタ人、ニヴフ人の多くは日本名を持っている。日本名が与えられたのは、日本領有時代のことである。ヴィシネスフキー（2005：115）によれば、樺太庁は、血族結婚を禁止する目的で、一族全員に同じ性を与えることとした。そもそも、ウイルタ人・ニヴフ人には、ウイルタ語では「ハラ」、ニヴフ語では「カールン」と呼ばれる氏族が存在していた（樺太庁1933）。氏族の単位は、転居する前の居住地によって決められたようである。例えば、「シュクトゥ」はウイルタ語では「敷香」を意味し、「シュ

表17　ウイルタのハラと日本語姓との関係

ウイルタ（xalá）	日本語姓
Dahi xalá	北川
Tólisa xalá	大野
Wāletta xalá	山川
Muigóttə xalá	大沢
Dāi Šūktu	大川
Nūci Šūktu	中川
Naiputú	小川

クトゥ・ハラ」は、敷香出身の民族であることを表している。ここで、ウイルタ人に与えられた日本名を取り上げる。Inoue (1993)、ヴィシネフスキー (2005) によると表17のようにまとめられる。ポロナイスクに居住していたウイルタ人は、7つの氏族で構成される。澗潟 (1981) によれば、ほとんどがポロナイ川流域で生活していた人たちである。氏族の名前も、その地名をそのまま採用しているようである。

　その中での例外は、「シュクトゥ」一族である。ポロナイスクに最も古くから居住していたこともあり、もっとも大きな氏族である。数の増加に伴い、dāi šūktu と nūci šūktu とに分かれた。ウイルタ語で dāi は「大きい」、nūci は「小さい」、šūktu は「シュクトゥ」つまり「敷香」という意味から、dāi šūktu が「大きな敷香」、つまり「大川」となったのである。敷香は上述したように、「シイカ＝大きな川」の意であることから、「川」が付けられたと考えられよう。

　ここで注意しなければならないのは、nūci šūktu が「小川」ではなく、「中川」となったことである。その理由は明らかではないが、「小川」という姓が与えられた naiputú はタランコタンの出身であり、シュクトゥの一支属であるという（樺太庁1933：6）。šūktu と naiputú との関係が関わっているかもしれない。

　このほかに、ニヴフ人に対しても、上村、大村、宝部、中村、北村、湊、小山、佐藤などの姓が与えられたようである。ニヴフ人にはネヌブ、アムゴーウヌなどの氏族があるが、この対応関係については、現段階では明らかではない。だが、ニヴフ人の氏族名も転居する前の地名が採用されていたようである。例

えば、アムゴーウヌはロシア領アムゴーウヌ、アシケビンは亞港の北方アシカイに由来している（太田1935：109）。

　このように、ポロナイスクでは、ウイルタ人・ニヴフ人に対して日本名を与えた。この際、氏名の付与が敷香教育所の教師である川村秀弥によってなされたのは特筆すべきである。Inoue（1993：115）によれば、川村は、ウイルタ人・ニヴフ人の言語生活を観察し、彼らに元来存在する氏族制の伝統を守る形で、日本名を付けたのである。

5.4.4　日本領有時代における言語状況のまとめ

　以上、日本領有時代におけるポロナイスクの言語状況を3つの局面に絞って説明した。南サハリンでは、日本語が公的な場面で使用され、日本語話者以外の話者が日本語を自然習得するのと並行して、学習による習得をするようになった。敷香教育所では、日本語とウイルタ語による教育が実施され、ウイルタ人、ニヴフ人には、日本語の姓が与えられた。このほかにも、東北や北海道からの出稼ぎ漁夫は、サハリンへの往来がさかんになり、北日本方言を中心とする方言が断続的に持ち込まれた時期でもあった。

5.5　日本領有時代以後における言語状況

　本節では、1945年以降、現在に至るまでのポロナイスクの言語状況について考察する。第2次世界大戦後、サハリンはロシア領となった。ロシア語話者が多く居住するようになり、現在では、ロシア語のモノリンガルが増加の一途を辿っている状況にある。しかしながら、戦争が終わるまでポロナイスクに居住していたアイヌ人、ウイルタ人、朝鮮人、ニヴフ人、日本人の中には、そこに残留し、生活してきた人たちがいるのである。本節は、日本人が引き揚げるまでの状況と今日のポロナイスクにおける状況を、日本語使用の面から考えることにしたい。

5.5.1　戦後直後の日本語教育

　戦争が終わると、敷香教育所も閉鎖となり、「オタスの杜」に居住していた

人たちにも、別の地に移る人が多くなった。ウイルタ人の中には、佐知（場所は図13を参照）と呼ばれる地区に移り住んだ人もいるが、ニヴフ人はサハリン各地に移動していったようである。15年にわたって実施されてきた敷香教育所における日本語教育は、ここで終わった。だが、日本への引き揚げが始まる1947年までの間、日本人に対する学校教育は継続したようである。引き揚げ後もしばらくの間は、日本語による授業は1週間に半日の割合で行われていたことが、2004年に著者がポロナイスクで行った調査からわかっている。

5.5.2 1990年代以降における言語状況

1989年以降、サハリンへの渡航ができるようになってから、ウイルタ人やニヴフ人などに対する調査研究が行われるようになった。調査は主にウイルタ語、ニヴフ語など、彼らの民族言語の記述に重点が置かれた。その調査からも、彼らの言語生活における日本語の姿の一部を垣間見ることができる。ここでは、ウイルタ人に対して行われた調査結果（池上2004, Austerlitz 1993）をもとに、ウイルタ語に取り込まれた日本語起源の借用語を取り上げることにする。

池上（2004）では、戦後、北海道に渡ってきたウイルタ人、サハリンに残留したウイルタ人に対する調査から、ウイルタ語に見られる日本語起源の借用語をまとめている。それを表18にまとめておく。

表18から、日本人とウイルタ人との交流の在り方が読み取れる。日本人が持ち込んだ zidosa（自動車）、kikai（機械）などは、単純借用の形で取り込まれている。また、日本語起源の単語が、アイヌ語を経由してウイルタ語に取り込まれたものがある。oččii（膳、盆）と tuŋa（くわ）が該当する。

このほかに、taara（たわら）は母音間の w が脱落したものである。池上（2004）でも指摘されているが、すでに日本語で w が脱落していた可能性もあるが、発音の経済性を考えると、ウイルタ人がこの語を発音するときに、w が脱落した可能性の方が高いように思われる。

また、借用された日本語に東北方言の特徴が関わっているものに、kuwasu がある。これは菓子（kasi）のことであるが、k が [kwu] となっている。また、i が中舌化した [ɨ] となり、i と u との区別が明瞭でなくなった。その結果、kuwasu として取り入れられたと思われる。この語の日常生活での使用頻度が高

表18　ウイルタ語に入った日本語起源の借用語

型式	意味
baija	魚場の番屋　[＜バンヤ（番屋）]
zidosa	自動車　[＜ジドウシャ]
ičaruu	ざる　[＜イザル（笊）]
iciri	一里　[＜イチリ]
kuwasu	菓子　[＜クヮシ（菓子）]
kamusai	日本酒　[＜カムサケ（神酒）]
kikai	機械　[＜キカイ（機械）]
oččii	膳、盆　[＜アイヌ語 otcike＜ヲシキ（折敷）]
masaari	おの　[＜マサカリ]
musuri	むしろ　[＜ムシロ]
rosoku	ローソク　[＜ローソク]
satu	佐藤　[＜サトウ（サタウ）（サトウ）]
taara	たわら　[＜タワラ（タハラ）（俵）]
tamma	伝馬船　[＜テンマ（伝馬船）]
tuŋa	くわ　[（アイヌ語 tonka）＜トワグワ（唐鍬）]

いことを考え合わせると、東北方言話者の存在が、このような音声的特徴を生み出したものとして考えられる。

　これに類似した特徴は、Austerlitz (1993) で収集された昆虫に関するウイルタ語の語彙集に確認される。Austerlitz (1993) では、ポロナイスクに居住していたウイルタ人から収集した情報から、ウイルタ語の昆虫の語彙をまとめている。その中でも昆虫の日本語名が確認できる。表19にその結果を示しておく。

表19　日本語による昆虫を表す語彙

形式	意味
アネコムシ	てんとう虫（秋田・岩手）
ハガリムシ	しゃくとりむし（cf. ハガリムシ　秋田）
トナカイハエ	あぶ
ヌカカ	ぶよ（北海道）

表19で挙げられた語彙は少ないものの、いずれも標準語名とは異なる名称が与えられている。中でも、秋田・岩手以北の地域で用いられている方言形であるのは、興味深い。「アブ」を「トナカイハエ」としているのは、おそらくポロナイスク周辺で、トナカイと接することの多いウイルタ人が使用していたことを示唆している可能性が高い。

なお、「ハカリムシ」は、秋田方言では「ハガリムシ」となっている（秋田県教育委員会2000）。つまり、秋田方言ではカ行子音の有声化現象が生じるが、Austerlitz（1993）では、有声化が生じない形で記録されているのである。これまで、著者が行ってきた調査から、サハリンの日本語には子音の有声化現象が確認されている。この例が、語彙的な特徴なのかどうかは、不明である。

5.5.3　日本領有時代以後における言語状況のまとめ

戦後のポロナイスクでは、日本語がそれまでと比べて使用範囲が狭くなる代わりに、ロシア語が進出した時代であることが明らかとなった。しかしながら、現地に残った日本人や朝鮮人をはじめとして、ウイルタ人なども日本語を運用していることが確認された。この他に、1990年代に行われた調査から、現在のウイルタ語に日本語からの借用語が取り込まれている様子が観察された。

5.6　おわりに

本章では、サハリン中部に位置するポロナイスクにおける言語接触から、日本語の地位を３つの時代に分けて考察した。

その結果、まず、日本語は日本が領有する前から、日本人がポロナイスクの漁場で生活するなどして登場し、ウイルタ人やニヴフ人との接触が見られたことが明らかになった。日本領有時代には、敷香教育所で日本語が教えられ、ウイルタ人・ニヴフ人には日本名が与えられることもあった。そして、そこでは東北・北海道の方言的特徴が取り込まれたことが確認された。

終戦後は、日本人のほとんどが引き揚げると同時に、ロシア人が居住するようになり、日本語の使用範囲が狭くなった。日本領有時代から生活していた人たちは、ロシア語を習得していった。だが、その中には現在においても日本語

が流暢に使える人が生活しているほか、ウイルタ語には日本語からの借用語が取り込まれていることも確認した。

第6章

漁撈語彙に見る言語接触

6.1　はじめに

　本章では、サハリンにおける日本語使用場面の1つとして、日本各地から定期的にわたってくる漁夫と現地の島民とのやりとりで使われた漁撈語彙を取り上げる。第5章で日本語教育による日本語習得とは別に現地の島民とのやりとりを通じて日本語を習得したことを明らかにした。その具体的な場面は魚場などで日本人と交流する場面であるが、その交流があった1930年代、漁夫の多くは学校教育を十分に受けていなかったことが考えられる。つまり、東北地方出身者の多い漁夫が標準語を使っていたとは考えられない。その意味で、彼らが島民との接触場面で用いた日本語の特徴には様々な方言的特徴が含まれると考えた方がよかろう。本章は、その当時の日本語の使用実態に迫るものである。以下は、海上交易をキーワードに考察を行う。なお、本章は朝日（2005a）にもとづくものである。

6.2　海上交易で運ばれる言葉

　ある言語が使用される地域の広がり方は、実に様々である。インド・ヨーロッパ諸族の言語の場合、インド・ヨーロッパ語族の祖語が、人の交流を通して使用範囲を広げながら、独自に変化した結果、複数の言語が誕生した。ゲルマン語族、ロマンス語族などに属する諸言語の言語構造に類似した特徴が認められるのは、このような人の交流を基盤とした言語変化がきっかけとなった場合が多い。

　同様のことは、日本語についても言える。北海道で使用されている言葉には、格助詞「サ」助動詞「ベー」など、東日本方言の特徴が認められる。移住によって開拓された北海道には、日本各地の方言が持ち込まれ、独自の変化が生

じた。このほかに、東京の言葉にも、形容詞のウ音便化（例：オハヨーございます）、丁寧語「マス」の否定に使われる否定辞「ン」（例：ありマセン）など、関西方言の特徴が認められる。東京の言葉が成立する中で、関西方言の影響が大きかったことを示している。いずれの場合も、人の交流が地域の言葉を決める要因となったことが考えられる。

　人が交流するには、いくつかの方法が考えられる。その1つに、海上における交流が挙げられる。実際、北海道の言葉は、本州から「海を渡って」伝播されたのである。海上交易では、物資の流通をはじめとして、人の交流も見られる。言語背景の異なる人たちが接触する場面が必然的に生じたのである。

　本章では、海上交易において、日本語が関わる接触場面を取り上げ、そこで使われてきた言葉に見られる日本語の特徴について考察する。具体的には、サハリンにおける言語接触場面を例とし、当地で使用された漁撈語彙に見られる方言的特徴を中心に説明を試みる。

6.3　サハリンとオホーツク海

　サハリンは、沿海州と北海道との間に位置していることもあり、人的交流が古くから盛んであった。人的交流の在り方としては、まず、サンタン交易[8]に代表される、大陸と当地との間における交流が挙げられる。

　これと同様に重要だったのは、サハリン島の東側にあるオホーツク海である。オホーツク海は、世界三大漁場として知られている。サケ・マス・カニなど、その漁獲高は世界的に有名である。サハリンでは、その豊富な資源のもとで漁業が盛んであり、近年は、その漁場をめぐる競争が激化している。

　歴史を通して、様々な背景を持ち合わせた人たちがこの漁場を求めた、というのは想像に難くない。そこでは、日本語をはじめとする諸言語が接触し合い、

8　サンタン交易の詳細は佐々木（1996）に詳しい。サンタン交易においても民族間の接触があり、言語接触が生じていた。中でも、ニヴフ人と他民族との交流が盛んであり、ニヴフ語がリンガフランカとして使用されていたという記述もある（Gruzdeva 1996）。

それぞれの言語体系に影響を与えていたと考えられる。

6.4 サハリンにおける言語接触

　サハリンは、その地理的位置から、様々な民族が交流した多民族・多言語社会である。そこに日本人が登場したのは15世紀ごろと言われている。しかしながら、サハリンではそれ以前から、アイヌ人・ウイルタ人・サンタン人・ニヴフ人などの先住民族が使う言語の間で接触が起きていた (朝日2004a)。したがって、日本語が関係する言語接触は、サハリンを取り巻く言語状況全体から見ると、短期間である。

　先住民族の間では、島内での接触が主であった。しかしながら、アイヌ人やウイルタ人、ニヴフ人には、それぞれ魚を食する習慣があることから、彼らの間で接触が起こっていた可能性がある。当時の彼らの言語事情については、管見の限り明らかではない。しかしながら、それぞれの言語に取り込まれた語彙を見ると、それぞれの言語間で接触が生じ、借用が起きていたことが確認できる。池上 (2004) によれば、日本人がサハリンに入る前にアイヌ語・ウイルタ語・ニヴフ語の間で接触が生じ、単純借用が見られたとしている。その中で、魚名語彙は2例確認できる。表20にまとめておく。

表20　アイヌ語・ウイルタ語・ニヴフ語との接触による単純借用[9]

日本語	アイヌ語 (樺太方言)	ウイルタ語	ニヴフ語 (樺太方言)
にしん	herokki	sarukki/sirukki	χeřuk
きうり魚	arakoy/arkoy	arkku	arkai

　表20から、3つの言語の間で接触した結果、借用が生じていたことがわかる。「にしん」は、アイヌ語 (樺太方言) から、ウイルタ語、ニヴフ語 (樺太方言)

---

[9]　ウイルタ語、ニヴフ語における「きうり魚」は、池上 (2004) で取り上げられてないため、それぞれ澗潟 (1981)、服部 (1952) に掲載されている語を採用した。

に入り込んだ。一方で、「きうり魚」はウイルタ語・ニヴフ語（樺太方言）のどちらかから、アイヌ語（樺太方言）に入り込んだとされる（池上2004）。ここで注目すべきは、優勢な言語から非優勢の言語に向かって借用がなされたわけではない、ということである。日本人が登場する頃には、アイヌ語の地位は高く、リンガフランカとして用いられていたようである。だが実際は、借用は一方向のものではなかったのである。漁業自体がそれぞれの民族で主要産業として位置付けられる上、漁撈語彙もそれぞれ発達していることから、民族の勢力によって借用自体の方向性が決められにくい状況にあったと考えられる。

6.5　日本語のサハリン進出

　サハリンで日本語が本格的に使用されるようになるのは、18世紀半ばである。それ以降、第2次世界大戦が終わる1945年までの間は、サハリンに日本語がもっとも多く流入した時期となった。

　日本語がサハリンに進出した方法はいくつかある。その中でも、海を渡って伝わる方法としては、（a）出稼ぎ労働者が持ち込む方法（b）日本人移民が持ち込む方法が考えられる。（b）は日本が当地を領有した1905年に本格化したが、（a）は日本が領有する以前からすでに行われていた。

　以下では、まず18世紀半ばから1945年まで続いたサハリンへの出稼ぎ労働者による漁撈語彙の伝播について、具体例を挙げながら説明する。次に、サハリンでは、出稼ぎ漁夫とアイヌ人やウイルタ人、ロシア人との交流が見られた。そこで使用された言葉の特徴を、漁撈語彙に着目しながら述べる。その際、アイヌ語・ウイルタ語・ニヴフ語に取り込まれた日本語起源の語彙と日本語に取り込まれたアイヌ語・ウイルタ語・ニヴフ語起源の語彙を取り上げる。

6.5.1　出稼ぎ漁夫が持ち込んだ日本語の方言

　冒頭で触れたように、サハリンは世界的に有名な漁場で知られるオホーツク海に面した島である。この地の豊富な資源を求め、日本人の漁師がオホーツク海を北上していった。サハリンの漁業が本格化したのは、サハリンに漁場が開かれた1752年以降である（野添・田村1978）。1875年に結ばれた樺太千島交換条

約によって、サハリンがロシア領となると、ロシア人漁場主が増加した。ロシア人漁場主は、日本人漁夫を使用人として使ったのである。

表21　日本人漁場主と漁夫数の推移（野添・田村1978：4）

	日本人漁場主	日本人漁夫	使用日本人漁夫
1876年	13	530	—
1903年	30	3,931	3,351

表21（表15を再掲）に、日本人魚場主、日本人漁夫、使用日本人漁夫の変遷をまとめた。この表から、サハリンへの出稼ぎ労働者は増加の一途を辿り、1903年には7,000人以上となった。これと並んで、ロシア人が雇った使用日本人漁夫の数も増加したことも注目すべきである。その数は、日本人漁夫ほどではないものの、3,000人以上がロシア人漁場主のもとで働いていたのである。このような状況は、日本領有時代にも継続した。「ヤンシュウ」として知られる出稼ぎ漁夫らは、このような環境で生活していたのである。

　ここで、出稼ぎ漁夫らが使っていた漁撈語彙を取り上げる。サハリンに出稼ぎにきた漁夫たちは、数年の間、サハリンで生活する。漁業に従事しながら、普段の言語生活で使用していた語彙には、共通語とは異なる語形が数多くある。ここで、その一部を紹介したい。野添・田村（1978）、井本（1998）などには、サハリンへの出稼ぎ漁夫の経験談が採録されている。そこで用いられた漁撈語彙を表22にまとめた。

　表22に挙げたものの多くは、魚名の中でも、一般的な日本語名とは異なると判断されるものである。表では、「サケ」に関する語彙が多い上、時期によって名前が異なっていることがわかる。また、「ニシン」の種類が豊富であったり、「ニシン」の性質によって異なる語彙が用いられたりするのは興味深い。このほかにも、「カンカイ」や「カスベ」「チカ」「コウナゴ」などは、いずれも東日本から北日本に生息する魚である。東北地方や北海道からの漁師が多いことが、このような漁撈語彙に反映していると言える。

　なお、表にはないものの、「魚屋」の意味で使われる「エサバ」は、東北地

表22　出稼ぎ漁夫によって使われた漁撈語彙

語形	意味
夏サケ	夏に取れる鮭
時しらず	夏に取れる鮭
アキアジ	秋に取れる鮭
伊谷草	寒天を作る材料。樺太寒天を作った
カンカイ	こまい
コウナゴ	イカナゴ　東日本で取れる魚
キミヨ	カナガシラ　秋田県地域で取れる魚
チカ	東北から北海道にかけて取れる魚
コニシン	北海道で取れる魚
ノチニシン	シラコもコズノコも入っていないニシン
カスベ	エイ　北海道方言

方で使用される方言形である。同様に、「腹しぼり」という鱈の処理法では、秋田県出身でサハリンへ出稼ぎに行った人によると、「タラの腹をたち割って、子っこは子っこ、ダダメはダダメによるわけることをやったわけだス」という。「子ッコ」の「子」に接続する「ッコ」は、北日本方言の特徴であり、「ダダメ」は日本海沿岸地域の方言形で「鱈の白子」の意である。

6.5.2　出稼ぎ漁夫と現地住民との間で使われたピジン日本語

　出稼ぎによってサハリンで生活することとなった漁夫は、番屋で生活することとなった。彼らの言語生活において、ロシア人やアイヌ人、ウイルタ人、ニヴフ人などの現地住民と接触する場面に遭遇していたのは、想像に難くない。言うまでもなく、表21に示したように、漁場主であるロシア人と使用人である日本人との接触はあった。同時に、アイヌ人やウイルタ人、ニヴフ人との接触も少なからず見られたのである。

　ロシア人と日本人との間における言語接触現象については、これまでBigelow (1923)、Gruzdeva (1996)、Mühlhäusler and Trew (1996) などで指摘されてきた。いずれも、日本人とロシア人との間でピジン日本語が使われた、というものである。しかしながら、具体的な事象については明らかでない。単純化が

進んだ言語が使用されていたということは考えられる。

　同様のことは、日本人とウイルタ人、ニヴフ人との接触場面についても言える。しかしながら、彼らが使用していた日本語の特徴は、中目（1913）から窺い知ることができる。すでに第5章で紹介しているが、ウイルタ語学者である中目覚は、ウイルタ人、ニヴフ人が使用していた日本語を、次のように記している。

　　「今日土人ノ使用スル日本語ハ多ク東北北海道等ノ漁夫ヨリ聞キ伝ヘタルモニニシテ乱雑極マリ本邦ノ標準語ヲ去ル極メテ遠ク日本語ト称スルノ価値アルヤヲ疑ハシム程ナレハ…」

　この発言は、ウイルタ人、ニヴフ人に対する標準語教育が徹底していないことを指摘したものである。だが、その発言を、ウイルタ人、ニヴフ人の言語生活の実態という視点で捉えなおすと、彼らがピジン日本語に近い言葉を使用していたと解釈することは可能である。つまり、ウイルタ人、ニヴフ人らが、漁夫との接触場面で使用していた言葉は、まさにピジンが生じ得る状況なのである。

　中目によると、彼らが使う言葉には「東北・北海道の方言的特徴」が確認できるという。つまり、出稼ぎ漁夫から耳にしていた言葉が、標準語とはかけ離れていたために、彼らが習得した日本語も体系的に標準語とは異なるものであったと考えられる。その上、自然習得の場合、不完全習得が起こる場合が多い。その意味でウイルタ人、ニヴフ人の使う日本語の体系は、単純化が進んでいたと考えられる。

6.5.3　出稼ぎ漁夫が現地に残した日本語の方言的特徴

　出稼ぎ漁夫とウイルタ人、ニヴフ人たちとの交流によって生じた言語接触によって、双方の言語体系に変化が生じるようになった。以下、その在り方を、漁撈語彙に見られる特徴から考察することにしたい。

　最初に、出稼ぎ漁夫が現地の言語、つまり、ウイルタ語、ニヴフ語に与えた影響を、日本語起源の借用語から見る。ウイルタ人、ニヴフ人らの言語生活に

ついての調査研究（服部1942、丹菊2001、山本1968など）から、彼らが使用していた日本語の漁撈語彙を知ることができる。

表23は、ウイルタ人、ニヴフ人が使っていた漁撈語彙の一部をまとめたものである。表で示された日本語名は、調査地点で話者が使用した語形を採用していることから、サハリンで使用されていた方言的特徴と受け止められる。

表を見ると、全体的に魚名に関する語彙が多いことがわかる。その多くはサハリンを中心とした生息分布であることから、独自の名称を与えられたものが多い。言い換えれば、表中、「樺太方言形」と「一般的な日本語名称」が同一の場合、サハリンで使用されていた形式が、そのまま一般語形として採用されたと考えられる。

表23　現地語に取り込まれた日本語の漁撈語彙

樺太方言形	一般的な日本語名称
アキアジ	鮭
アメマス	アメマス
イトウ	イトウ
エソ	ホウライエソ
カジカ	ニジカジカ
カスベ	カスベ
カラフトマス	ホンマス
カンカイ	コマイ
キウリ魚	キウリ魚
クチグロマス／サクラマス	サクラマス
コウナゴ	イカナゴ
ゴソゴソカレヒ／ゴシヨカレヒ	スナカレイ
コニシン	ニシン
チカ／カラフトシシャモ	チカ／カラフトシシャモ
ナマズ	カワメンタイ
バイヤ	魚場の番屋
マツカワ	カレイ
ヤケボシ／ヤケブシ	焼干魚
ヤツメウナギ	ヤツメウナギ
ユカワシ	カマス

その一方、そうではない場合もある。その中でも特徴的なのは、サハリンに生息する魚の特徴をほかの魚と区別するために「カラフト」を語頭に用いるような場合である。また、サハリンで独自の形式が用いられる場合もある（例：「カンカイ」「マツカワ」「ゴソゴソカレヒ」「ゴショカレヒ」）。

この表では、例えば、「魚場の番屋」の意味である「バイヤ」は、単純借用という形で現地語に取り込まれた。また、「ヤケボシ／ヤケブシ」は、産卵を終えた鮭・鱒を、塩漬けした後、燻製したものである。このほかに、産卵を終えた魚を「ホッチャリ」と言う。これも、日本語が起源として現地語に借用された語彙の1つである。

このように、現地語に取り込まれた漁撈語彙には、標準語の特徴と異なるものが多い。出稼ぎ漁夫らが使用していた方言語彙を基本とした形式が多い上、サハリンが生息地である魚名の多くには、独自の形式が与えられていたと言える。

6.5.4 現地の言葉からの借用語に見られる特徴

次に、出稼ぎ漁夫らとアイヌ人、ウイルタ人、ニヴフ人との交流の中で、アイヌ語、ウイルタ語、ニヴフ語から日本語に取り込まれた語彙を取り上げる。全体的に見れば、日本語が現地の言葉に取り込まれることが多い。以下では、現地語から日本語に取り込まれた借用語をいくつか取り上げ、その特徴を説明する。

まず、著者が行ったサハリンからの引き揚げ者に対する面接調査、および、山本（1968）をもとに、日本語に取り込まれた現地語起源の語彙を、表24にまとめておく。なお、該当する語彙が少ないことから、動植物に関する語彙も取り上げることとする。

表24　日本語に取り込まれた現地語起源の借用語

形式	意味	起源の言語
アタチ	処理した鮭鱒	アイヌ語
バウエ	ゴマフアザラシ	ウイルタ語
フレップ	コケモモの実	アイヌ語
ヤチフレップ	ヤチ＝ツンドラ（湿地）で取れるフラップ	アイヌ語

表中、漁撈に関する語彙は、「アタチ」と「バウエ」である。「アタチ」は、アイヌ語のアタチ（atači）に由来する。アイヌ人には、遡上してきた鱒を乾燥させて冬季の食事にあてる習慣がある。そこで、保存のために処理した鮭・鱒のことを指す。ニヴフ語ではマー（mā）というが、アイヌ語のアタチがサハリンで広まり、日本人、ウイルタ人の間に日常的に使われるようになった（山本1968）。

この他にも、アイヌ語起源の単語には、「フレップ」「ヤチフレップ」が該当する。フレップはhūre-p（赤い・もの）に由来し、コケモモの実を指す。この形式が日本人やウイルタ人の間に広まったとされる。

サハリン中部ではアザラシ漁が盛んであり、ウイルタ人、ニヴフ人の間では、重要な産業となっていた。当地では、アゴヒゲアザラシ、クロカゲアザラシ、ゴマフアザラシ、フイリアザラシなどが生息している。その中でも、ゴマフアザラシのことを、「バウエ」という。この語は、ウイルタ語の「バーウィ」に由来する。山本（1968）によれば、「バーウィ」が日本語に取り込まれ、敷香地域のアザラシ業者の間に広まっていたようである。

このほかに、アイヌ人と日本人との接触場面で「シャム勘定」というのがあったようである。鮭の売買をする場面で、鮭を10匹単位で買う場合、「はじまり、1、2、3…9、10、おしまい」となる。結局「シャム勘定」というのは、10匹に「はじまり」と「おしまい」の2匹が加わった12匹のことを指す。サハリンからの引き揚げ者に対する面接調査では、「シャム勘定」がアイヌ人との接触場面で使用されていたという報告を受けた。借用語とは異なるものの、「シャム」がアイヌ語で「日本人」の意味であることを踏まえると、アイヌ語起源で、日本語使用場面で使われていた形式であると判断できよう。

6.6　日本人居住者・出稼ぎ労働者と現地住民と言語接触の関係

以上、出稼ぎ漁夫と現地住民との言語接触によって観察された借用現象について、具体例を示しながら説明してきた。その結果、サハリンで使われていた日本語が伝播していく方法として、出稼ぎ労働者が果たした役割が大きい可能性があることが示された。ここで、出稼ぎによって日本語が海を渡って伝播し

ていく方法が、日本人移住者によって伝播してく方法とどのような関係にあるのかについて、考察する。まず、日本人居住者・出稼ぎ労働者・現地住民との言語接触に関する関係を図16に図式化した。

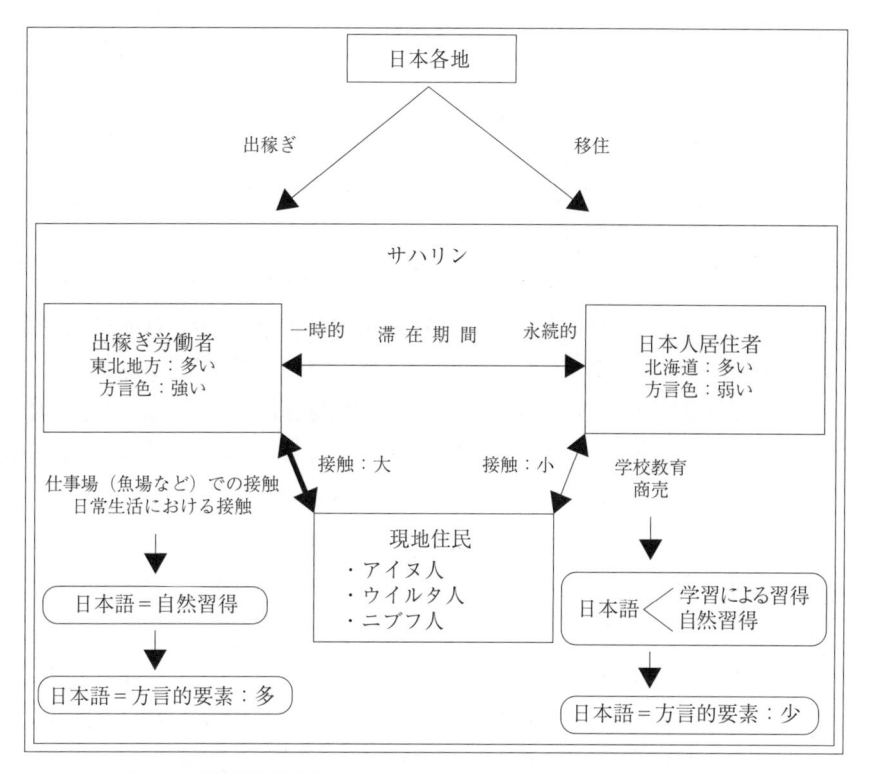

図16　出稼ぎ労働者と日本人居住者と現地住民との接触の在り方

　日本各地からサハリンに渡っていたのは、出稼ぎ労働者と日本人居住者である。その中で、本章が取り上げた出稼ぎ労働者は、日本人居住者と、サハリンでの滞在期間で区別される。出稼ぎ労働者は、一定の期間生活するのみで、そのほかの時期は東北地方や北海道地方で生活しているのである。日本人居住者との関わりは、それほど強くなかったようである。このことは、現地住民が遭遇する接触場面の性質を決める手がかりとなり得る。

　現地住民と日本人との関係は、全般的に、日本人居住者よりは出稼ぎ労働者との方が強いと考えられる。現地住民がサハリンに居住する人口で占める割合

は1%にすぎず、居住している地域も限定されているのである。日本人居住者が実際に現地住民と接触することのほうが、むしろ稀である。

現地住民が日本語を習得した方法には、出稼ぎ労働者との接触による自然習得、敷香教育所などの教育機関における学習による習得が考えられる。前者の場合には、出稼ぎ労働者が持ち込んだ東北地方を中心とする方言が、後者の場合には、教育現場で標準語が用いられると想定される。

図16を見ると、出稼ぎ労働者と現地住民との接触場面は、漁場のような場面である。中目（1913）の記述を踏まえると、現地住民の多くは、方言的色合いの濃い日本語を習得していったケースが多いように思われる。

もちろん、学校教育を受け、方言的要素の少ない日本語を習得したものも少なくない。その場合、日本人居住者との接触場面が多かったり、日本人居住者の多い職場で生活する必要があったりしたことと関係していそうである。

サハリンには、日本から海を渡って日本語が伝播された。そのルートは複数ある。それぞれが現地住民に与えた影響は異なるものの、現地住民による日本語の自然習得には、出稼ぎ労働者が果たした役割が大きかったと言える。

6.7　おわりに

本章では、島の間を伝播していく方言の特徴について、オホーツク海を渡ってサハリンに伝播された日本語の方言を例に考察した。方言の伝播には、いくつかのルートがあり、それぞれが果たす役割は異なることが明らかとなった。また、出稼ぎ漁夫が持ち込んだ方言的特徴が、現地住民の間で自然習得という形で受容されていったことが示された。サハリンの日本語の特徴の解明には、このような様々なルートを経て入り込んだ日本語の方言的要素を慎重に検討していく必要があるように思われる。

今後の課題としては、出稼ぎ労働者の中でも、林業に携わった労働者が持ち込んだ日本語の方言的特徴について調べる必要がある。ヤマゴと呼ばれる林業関係者にも、東北地方出身者が多い。彼らが日本人居住者や現地住民とどのように接触していたのかについて、調査・研究する必要がある。そこから、島の間の方言の伝播のあり方について、より包括的に捉えていきたい。

第 7 章
ウイルタ人の日本語に見られる言語的特徴

7.1　はじめに

　本章では、サハリンの日本語話者の中でもウイルタ人を取り上げ、彼らの用いる日本語にみられる特徴を述べる。サハリンを日本が領有し、日本語教育が実施された時期（1905年から1945年）に、ウイルタ人も学習場面ならびに日常の日本語話者との接触場面を通して日本語を習得した。その結果、現在でも日本語を流暢に話すウイルタ人が、その数は少なくなっているものの、まだ存在している。

　彼らの日本語にみられる言語的特徴については、ほとんど記述分析されることがなかった。本章はその記述を行う手がかりとして位置付けられるものである。具体的には、二拍名詞のアクセントに着目する。ウイルタ人日本語話者1名に対して実施したインタビュー調査によるデータを用いて分析を行う。

　以下ではまず、ウイルタ人の日本語を取り上げた先行研究を概観し本研究の位置付けを行う。それを踏まえ、本章で用いるデータの収集法を述べ、データにみられる二拍名詞の特徴について分析を試みる。そして、分析で明らかになった点から、ウイルタ人の社会言語学的能力についての考察を行う。なお、本章は Asahi（2009）にもとづくものである。

7.2　ウイルタ人日本語話者の日本語に関する先行研究

　そもそもサハリンを日本が領有した時代にウイルタ人が習得した日本語の言語的特徴に関する論考はほとんどない。その意味でも、本研究は先駆的な性格を持ち合わせていると言えよう。しかしながら、問題となるのは、彼らの用いる日本語の言語的特徴を明らかにするために必要な言語資料が十分ではないという点である。そのうえ、例えば民俗学や歴史学といった、言語学以外の研究

によって収集された研究資料を見ても、ウイルタ人による日本語情報はきわめて限定的である。ただし、幸いにも、その限られた資料を見つけ出すことができたのである。そこからは当時の彼らの日本語に見られる特徴が浮かび上がってくる。

まず、敷香教育所におけるウイルタ人とニヴフ人の日本語に関しては、日本語方言学者である平山輝男による調査研究からその特徴の一端を窺い知ることができる。平山は1938年にサハリン各地で調査を実施し、単語アクセントを中心とした日本語樺太方言データを収集したのである。この調査では、主にサハリンに居住していた日本人がその対象となっていたものの、敷香での調査では、2人のニヴフ人日本語話者が調査対象となっている。第5章でも触れたが、彼らのアクセントは一型音調（平板一型）であった。

ここで日本語方言に見られる一型音調について説明する必要があろう。日本語方言はそれぞれの拍（シラビーム方言の場合は音節）の高低によってアクセントが決まる。例えば、次の（1）〜（3）に見るように、東京方言の場合、二拍名詞においては3つの形がある。

（1）　顔（かお）　LH　顔が　LHH
（2）　歌（うた）　LH　歌が　LHL
（3）　海（うみ）　HL　海が　HLL

これに対し、平山（1957）によれば、一型音調の平板一型はいわゆる「型」の区別が消滅してしまったものを指す。もちろん都城方言のようにすべて尾高型音調となる場合もあるが、これは二型音調が統合して一型化したため、平板一型と区別される。したがって、例（1）〜（3）で見たアクセントは一型音調の場合、はっきりとした音の高低差がつかないものになる。

平山（1957）によれば、ウイルタ人の用いる日本語は一型音調であった。現在サハリンに居住するウイルタ人の用いる日本語のアクセントがどのようになったのか、興味深い。

本章では、ウイルタ人の用いる日本語アクセントに焦点を当てる。分析には、ウイルタ人日本語話者1人を対象に、平山（1957）の枠組みを援用した調査を通して収集されたデータを用いる。そこでは、ウイルタ人が使用してきた日本語に見られる言語変化に迫ることが可能となるはずである。

7.3　調査概要

ここでは、データ収集の概要を述べる。

7.3.1　インフォーマント

インフォーマントは、サハリンで生まれ、敷香教育所で日本語を習得し、戦後はポロナイスクで生活したウイルタ人である。話者の詳細を表25にまとめておく。

表25　ウイルタ人日本語話者に関する情報

民　族	ウイルタ
民族語	ウイルタ語
性　別	女性
生　年	1933
居住歴	0–12　オタス
	12–75　サチ

7.3.2　データ収集法

本章では2つの調査で得られたデータを用いる。それぞれのデータ収集の概要を以下に述べる。

【調査1】単語リストの読み上げ調査

この調査では面接調査法を採用した。面接調査では、名詞、形容詞、動詞からなる単語リストを用意した。インフォーマントにそこに記された単語を2度ずつ読み上げてもらった。本章では表26に示す34の調査語のアクセントがその対象である。表26には、アステリスク（*）が付された調査語が10語含まれる。この調査は34の単語リストの最初に示されていたものである。本章では、これらを含む34の調査語すべてを分析対象としている。なお、これら34の調査語はすべてランダムに並べてあった。

表26　調査でもちいた二拍名詞一覧

1類	＊端	＊鼻	牛	水	飴	枝		
2類	＊橋	＊歌	石	胸	夏	音	北	川
3類	＊髪	＊花	足	犬	家	孫	草	
4・5類（広母音）	＊肩	＊朝	糸	板	稲	鍋	窓	赤
4・5類（狭母音）	＊海	＊秋	松	兄	猿			

【調査2】自然談話収集調査

　本研究では、自然談話の収集が主な調査手法である。調査では、インフォーマントのライフヒストリーを語ってもらい、幼少時代から現在に至るまでの言語生活に関する情報を収集している。同時に多言語話者であるウイルタ人にはどの場面でどの言語を使用するのか、といった言語選択に関する事柄についても質問している。自然発話資料はすべて録音、録画されている。

7.3.3　調査時期

　それぞれの調査を実施した時期は、次の通りである。
【調査1】単語リストの読み上げ調査：2006年11月24日
【調査2】自然談話収集調査：2004年9月27日、28日、2005年11月11日、
　　　　　　　　　　　　　2006年11月24日

7.4　分析

　本節では、2つの調査データから見た二拍名詞のアクセントの特徴について分析する。以下、単語リストの読み上げデータに見られる特徴と自然談話資料に観察される二拍名詞のアクセントに見られる特徴のそれぞれについて記述する。

7.4.1　単語リスト読み上げデータに見られるアクセント

　最初に、単語リストの読み上げデータに見られる二拍名詞のアクセントの分析を試みる。分析にあたっては34の調査語それぞれのアクセントの実現型につ

いて聴覚判断を行った。先にも述べたが、平山（1957）では、ウイルタ人に対して1938年に実施した調査の結果、一型音調が観察されるという報告がなされている。その意味でも、現在のサハリンに居住するウイルタ人日本語話者に見られるアクセントの特徴を分析することは興味深い。

表27　単語読み上げデータにみるアクセント型から見た割合

	LH/LLH	LH/LHL
N	16	18
%	47.1	52.9

表27から、この話者は一型音調を持ち合わせている可能性が考えられる。実際、結果として2つのアクセントで調査語を読み上げた可能性がある。また、特定の語類による型の区別をしている可能性も低い。1938年に実施された調査結果で実際にどのような回答がなされたかは不明であるため、推測の域を出ないものの、何らかの要因をもって、2つのアクセント（LH/LLHとLH/LHL）を用いたものと考えられる。

これまでの著者の分析（朝日2008a、2008b）では、この話者に見られるアクセントは一型音調であるとしていた。表27を見ると、これまでの著者の指摘とは異なっていると思われる。というのは、これまでの分析では10の調査語のみを対象として行われたものであるのに対し、本章では、調査で読み上げ対象となった調査語すべてを含めたためである。念のために、これまでの調査で取り上げた10の調査語を表28に示しておく。

表28　10の調査語に見られるウイルタ語話者のアクセント

1類	2類	3類	4・5類 （広母音）	4・5類 （狭母音）
端／鼻	橋／歌	髪／花	肩／朝	海／秋
LH/LLH	LH/LLH	LH/LLH	LH/LLH	LH/LLH

表28の結果を見ると、この話者は調査語すべてに対し、LH/LLHを用いてい

る。一般的に日本語方言の多くのアクセントは、多くても5つに分類される。樺太方言に関して言えば、平山（1957）によると、アクセントの型は3つ（1、2類はLH/LHH、3類はLH/LHL、4・5類の広母音ではLH/LHL、4・5類の狭母音ではHL/HLL）となることが指摘されている。この点で、ウイルタ人話者に見られる日本語のアクセントはより単純であると言えよう。

　ここで、この話者が調査語のそれぞれでLH/LHLをどの程度用いているのかを見る。具体的には、表26にあるように、24の調査語を5つのグループにわけ、それぞれにおいて、このLH/LHLの使用率を見ることにする。

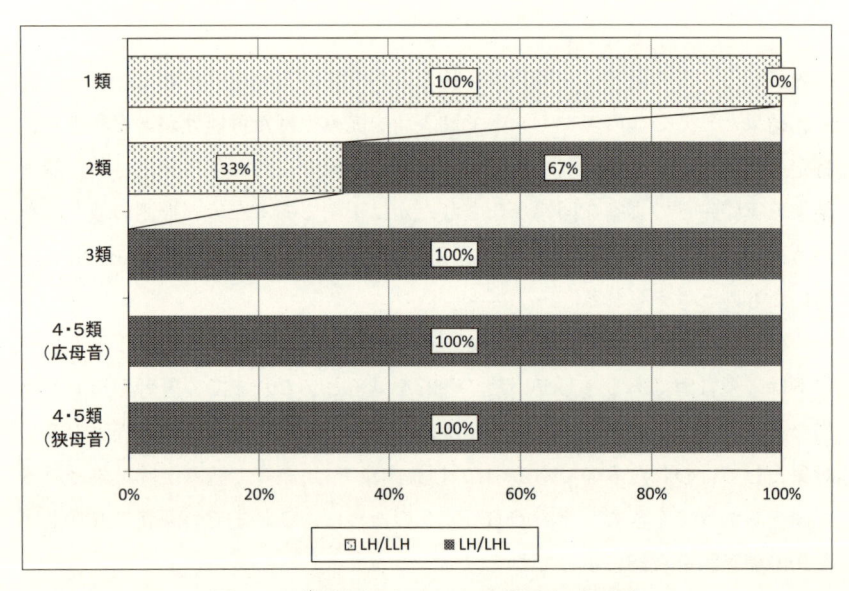

図17　二拍名詞アクセントの使用率（24語）

　図17は調査語読み上げ時における、LH/LLHとLH/LHLの使用率を示したものである。ここから、この話者がいつどのアクセント型を用いたのかについて手がかりが得られると考えられる。この話者は、1類の語については、LH/LLHをすべての調査語について用いている、このパターンは表28と共通する。その一方、LH/LLHの出現率が他の語類では異なる。2類では、LH/LLHとLH/LHLがともに使用されるが、3類、4類、5類になるとLH/LLHはまったく見ら

れない。

　ここで、2類の語におけるアクセント型の選択に見られる言語内的制約について見よう。調査で取り上げた調査語のそれぞれのアクセント型を取り上げ、表29にその結果をまとめた。

　表29では、2類の語にはLH/LLHとLH/LHLの2つのアクセント型が存在し、それぞれの型の使用語数も同じである。一見すると、調査語とアクセント型の間には関係がないようである。しかし、傾向としては二拍目の母音がイ段の場合（「ハシ」と「イシ」）にLH/LLHが選択される傾向が認められるようである。

表29　二拍名詞（2類）アクセント

LH/LLH	LH/LHL
＊橋	夏
石	音
＊歌	北
胸	川

　この点を踏まえると、ではなぜこれが別のものに置き換わるのか、なぜこれが2類の語なのか、1類の語ではなぜこのような結果が得られないのかを検討する必要が出てくる。

　このような結果を説明する理由として考えられることとしては、この話者はもともと2つのアクセント型を持ち合わせていたということである。調査の冒頭でこの話者はLH/LLHを用い、ある点を境に、LH/LHLへと置き換えていったというものである。この切り替えをめぐって、アクセント型と語類の間には積極的な関連性は見出せない。言い換えれば、この話者は語類に関わらず、たまたま調査語の最初にあった10語についてLH/LLHを用いた。その後、1類の調査語にはLH/LLHを用いたものの、他の調査語にはLH/LHLを使うようになった。

　別の理由として考えられることは、この話者は、特定のアクセント型を持ち

合わせてない、一型音調の話者であるということである。この話者はまったく偶然でLH/LLHをある調査語に用い、LH/LHLを別の調査語に用いたというものである。表29、図17に見られる結果は、この話者が読み上げ時にたまたま用いたアクセント型であると解釈するものである。

このどちらか正しいのかは、この調査だけでは不明であるが、この話者を取り巻く社会言語学的状況を踏まえると、おそらく後者である可能性が高いと思われる。

7.4.2 自然談話資料に出現したアクセントに見られる特徴

本節では、この話者による日本語の自然発話資料に出現した二拍名詞のアクセント型に見られる特徴を取り上げる。著者が収集してきた自然談話資料から、二拍名詞が計39使用されていた。幸い、39語は表28に示した1類から5類までの、それぞれ語類に属していることが判明した。したがって、読み上げ時のアクセント型と自然発話時のアクセント型の比較をすることが可能となる。

なお、自然談話資料の性格上、二拍名詞の出現数は語によって異なる。語によっては出現数が数十から百を超えるものもあれば、1回しかないものも含まれる。そこで本節では、それぞれの調査語の出現率を算出する方法は採用せず、それぞれの調査語のアクセント型に見られる特徴を考察することにする。

表30は、自然談話資料に用いられた二拍名詞のアクセント型をまとめたものである。表中、2つのアクセント型が並列になっているものと上下に分かれているものがある。後者の場合、上段にあるアクセント型の方がより多く出現していることを表す。なお、前者の場合は、その出現数の大小は認められない。4・5類の狭母音でLH/?となっているものがある。本来、ここにはこの類の語に助詞が後接したときのアクセントが記されるが、本章で対象とした自然談話資料には、該当する語がなかった。そのために？を付している。

第7章 ウイルタ人の日本語に見られる言語的特徴 103

表30 自然談話に見られたアクセント

1類	2類	3類	4・5類 (広母音)	4・5類 (狭母音)
LH/LLH	LH/LHL LH/LHH	LH/LHL	LH/LHL HL/HLL	HL/HLL LH/?

　表30を見ると、少なくとも4つのアクセント型が認められる。1類のLH/LLH、2類、3類、4・5類(広母音)のLH/LHL、2類のLH/LHH、4・5類(狭母音)のHL/HLLである。この結果は、前節で見た結果と明らかに異なっている。一方、1類のLH/LLH、3類のLH/LHLは読み上げ時のアクセントと共通していることがわかる。
　しかしながら、ほとんどの場合、読み上げ時のアクセントと自然談話で見られたアクセントの間には差異がある。例えば、2類ではLH/LHHとLH/LHLが、4・5類ではLH/LHLとHL/HLLがそれぞれ併用されるのである。その併用のあり方もそれぞれの語類で異なる。4・5類の語では、二拍目が広母音の場合にはLH/LHL、狭母音の場合はHL/HLLが多く用いられるのに対し、2類では、LH/LHLとLH/LHHはほぼ同じ出現数である。なお、自然談話資料で確認された2類の語はいずれも二拍目がア段の語ばかりである。そのため、この2つのアクセント型の使い分けに母音の性格が関係しているとは言えない。興味深いことに、2類のLH/LHHは自然談話にのみ使用されていた。なお、4・5類のアクセントの弁別には二拍目の母音の広狭が関わっていると思われる。
　自然談話資料から得られた結果がなぜこのようになるのかを、北海道方言と樺太方言のアクセントを比較しながら考察する。北海道方言には、周知の通り、海岸部方言と内陸方言が存在すると言われる。海岸部方言を代表する地点を函館、内陸部方言を代表する地点を札幌と仮に位置付けてみる。1930年代の樺太方言におけるアクセントについては平山(1957)に見ることができる。表31に、樺太方言、北海道内陸部方言、海岸部方言の二拍名詞アクセントをまとめた。

表31　樺太方言、内陸部方言、海岸部方言の二拍名詞アクセント

	1類	2類	3類	4・5類 (広母音)	4・5類 (狭母音)
樺太方言	LH/LHH	LH/LHH	LH/LHL	LH/LHL	HL/HLL
内陸部方言	LH/LHH	LH/LHH	LH/LHL	LH/LHL	HL/HLL
海岸部方言	LH/LLH	LH/LLH	LH/LHL	LH/LHL	HL/HLL

　ウイルタ人日本語話者のアクセントは、表31に示したものと共通する部分が多い。表30と表31を比べると、3類、4・5類はいずれも同じアクセントである。その点で言えば、つまり、3類、4・5類の広母音の場合はLH/LHLとなり、4・5類の狭母音の場合はHL/HLLとなるといった具合である。この点で、少なくとも、これらをいずれも習得していると言える。

　その一方で、1類と2類のアクセントには興味深いものがある。1930年代の樺太方言では、1類、2類ともLH/LHHであった。このアクセントは札幌方言と同じである。ウイルタ人日本語話者の場合、2類で樺太方言、ならびに札幌方言と同じLH/LHHを用いるのに対し、1類では、これらとは異なるLH/LLHが用いられる。一方、このアクセントは函館方言に共通するものである。この点で、ウイルタ人日本語話者のアクセントは、樺太方言、札幌方言、函館方言の特徴をすべて持ち合わせていると言えよう。

　その一方で、2類でLH/LHLの使用が見られるという点に疑問が残る。これらは樺太方言、北海道方言には見られないものである。なぜウイルタ人日本語話者がこのアクセントを用いたのであろうか。考えられる要因として、自然談話資料の性格が挙げられる。データ収集は日本人インタビュアー（つまり、著者）とウイルタ人のインフォーマントとが日本語で話すものである。著者のアクセントは東京式アクセントである。

　本章で扱っている自然談話資料は、日本語の非母語話者が日本語母語話者とやりとりをしている状況で収集されたものであるため、日本語母語話者の使う言葉遣いに収斂する、いわゆるアコモデーションが生じたと考えられる。2類でLH/LHLが出現したのも、このアクセントを用いる日本語母語話者がいたからではないかと考えられる。

表32 東京方言における二拍名詞アクセント

	1類	2類	3類	4・5類 (広母音)	4・5類 (狭母音)
東京方言	LH/LHH	LH/LHL	LH/LHL	HL/HLL	HL/HLL

　表32に東京式アクセントの一覧を示した。この表から、2類はLH/LHLであることがわかる。本章で扱った資料では2類の語自体の使用数が多くはないものの、ウイルタ人日本語話者はLH/LHH、または、LH/LLHからLH/LHLにシフトさせたものと思われる。

　しかしながら、このようなアコモデーションは2類のみに生じたものである、と言わざるを得ない。つまり、4・5類のアクセントをめぐっては、東京式ではHL/HLLと母音の広狭で弁別がなされることはない。それに対し、樺太方言、北海道方言ではいずれも母音の広狭で弁別がなされる。ウイルタ人日本語話者の場合、この弁別自体は保持しているのである。ここから、日本語母語話者に対するアコモデーションは生じたものの、それは体系的に生じたものではなく、部分的に(または語彙的に)生じたものと考えられる。

7.5　考察のまとめ

　本章では、ウイルタ人日本語話者のアクセントに見られる特徴を、単語読み上げならびに自然談話資料を活用しながら考察した。1930年代に実施された樺太方言の調査からは、ウイルタ人の用いるアクセントは「一型音調」と見なされていた(平山1957)。

　本研究の目標は、ウイルタ人のアクセントに見られる言語変化の方向性を明らかにすることにある。具体的には、平山の調査が実施されたから70年の間に、アクセントに変化が生じたのかどうかを明らかにすることにその目標があった。分析から明らかにし得たことを図18に示す。

	平山調査 (1930年代)		本調査（2004年から2006年）		
			単語読み上げ		自然発話
			10調査語	24調査語	
1類	一型音調	1類	LH/LLH	LH/LLH	LH/LLH
2類		2類			LH/LHH
3類		3類		LH/LHL	LH/LHL
4・5類 （広母音）		4・5類 （広母音）			
4・5類 （狭母音）		4・5類 （狭母音）			HL/HLL

図18　二拍名詞アクセントの調査結果

　図18からは、70年間の間に、アクセント自体の現れ方が変わってきたと総括できる。単語読み上げ調査で採用された最初の10語については、1つのアクセントが用いられ、ほかの24の調査語では2つのアクセントが用いられた。そのうえ、自然談話資料によって、そのアクセントの現れ方はさらに複雑なものになった。

　このようなことは、この話者自身にアクセントに関する規範がそもそも欠如している（曖昧化している）ということを示す証拠になろう。この話者は日本語を読み書きする機会はまずないのである。言うまでもなく、ウイルタ語自体に昔から正書法があったわけでもない。また、平山の調査を踏まえると、著者が行った単語読み上げ調査で出現したアクセントは、一型音調を調査後70年間持ち続けていたと言える。ただ、自然談話となると別である。インタビュアーの音調の影響を多少なりとも受けて単語読み上げ調査とは異なる振る舞いをしたのも、一型音調の話者ならではのこととも言える。

　このような点から、以上の結果については、それぞれの調査法に特有の結果と受け止め、アクセントの実現形が様々であることを強調することの方が賢明かもしれない。

7.6 おわりに

　本章では、サハリンに居住してきたウイルタ人日本語話者の日本語に見られる特徴を二拍名詞のアクセントを事例に考察した。1人のウイルタ人日本語話者に対し2つの調査を実施し、その結果の分析を試みた。その調査間のデータの差異、またそこから想定される、ウイルタ人の用いる樺太方言の言語変化の方向性について考察した。

　今後に取り組むべき課題は数多くある。まずはアクセントに関するより詳細な分析が必要である。しかし、残念ながら、読み上げ調査を実施できたのは本章で取り上げた話者のみである。調査で出会ったウイルタ人はほとんどが他界してしまい、調査が実現できていないのである。著者は、戦後網走で生活していたウイルタ人の音声資料を少なからず収集している。そこに収録されている日本語音声の特徴を今後の分析対象としたい。

第 8 章

サハリンにおける「危機言語」と日本語教育

8.1 はじめに

　本章では、サハリンで消滅の危機に瀕した5つの言語（日本語、朝鮮語、ニヴフ語、ウイルタ語、アイヌ語）を取り上げる。この5つの言語を取り巻く社会言語学的状況を、特に民族語教育に着目しながら説明を試みる。その民族語教育の現状を踏まえたうえで、日本がサハリンを領有した時代（1905年から1945年）に実施された日本語教育が、戦後ロシアが領有するようになってから現在に至るまで、彼らの言語生活にどのような影響を与えているのかについて、考察を行う。最後に本章のまとめと問題点をまとめる。なお本章は Asahi (2008) に基づく。

8.2 サハリンにおける日本語・日本語教育

　サハリンで使われている日本語は日本語学者だけでなく、社会言語学者、言語人類学者にも大変興味深いものである。Asahi(2007)で述べたように、ディアスポラの日本語は全般的に消滅の危機に瀕している。日本語自体は消滅する可能性は低いため、「安全な言語」とみなされることもあるが、その多様性を考えるに当たって、この状況を無視することはできないだろう。
　サハリンの日本語の場合、サハリン社会が多言語・多民族社会であることから、それぞれの民族における日本語の地位を考える必要がある。というのも、例えば朝鮮人やアイヌ人のように、当時の日本語使用状況からして日本語が第一言語となっていることがあるからである。同時にウイルタ人、ニヴフ人のような少数民族の学校教育においても重要な役割を果たしているのである。
　第2次世界大戦後、ロシアがサハリンの領有権を有することになる。必然的にロシア語が公用語となり、学校教育でもロシア語が使われるようになった。

このことは、島にとどまることになった日本人、朝鮮人、アイヌ人、ニヴフ人、ウイルタ人に影響を与えることになったのである。

本章では、この5つの「危機言語」が、特に日本領有時代（1905年から1945年）とロシア領有時代（1945年以降）の学校教育でどのように扱われたのかを取り上げる。具体的には、これらの「危機言語」がどのように維持、再活性されているのかを見ていく。

以下では、まずサハリンの「危機言語」が日本領有時代、ならびにロシア領有時代に置かれた地位をそれぞれ述べる。その後それぞれの「危機言語」を維持、復興する試みを具体的な事例とともに概説していく。

8.3 民族ごとに見る教育言語

本節では、日本領有時代、ロシア領有時代のサハリンで、それぞれ使われてきた言語を提示し、民族教育におけるそれぞれの民族語がどのように扱われてきたのかについて、考察を行う。

8.3.1 日本領有時代（1905年〜1945年）

日本領有時代の間、日本語が公用語として機能していた。当然のことながら、日本語が教育現場における言語として使われていた。この時期が始まってまもなく、ロシア人、ポーランド人、ウクライナ人がロシアに引き上げていった。しかしながら、彼らのすべてが引き揚げたのではなかった。中には樺太に残る人もいたのである。そのような状況を受けて、当時の樺太に居住していた民族名、その数、民族語名と彼らへの教育言語の一覧を表33に示す。

表33から、日本人と朝鮮人が同じ学校に通っていたことがわかる。必然的に朝鮮人は自らの民族語、つまり朝鮮語を習得する機会が得られなかったのである。朝鮮語のその当時の使用領域は極めて限られていた。朝鮮語は家庭内の言語か、同じ民族内でのコミュニケーション言語として機能していたのである。

この時期、日本人以外のいわゆる非母語話者を対象にした学校が設置された。つまり、アイヌ、ウイルタ、オルチ、エヴェンキ、ニヴフはその学校に通うことになったのである。敷香（現ポロナイスク）に設置されたその学校の詳細につ

いては次節で触れるが、この学校ではウイルタ語と日本語が授業で使われていた。

表33　サハリン居住の民族一覧と使用言語（1941年時点）

民族名	人数	民族語	教育言語
日本人	225,354	日本語	日本語
朝鮮人	19,768	朝鮮語	日本語
アイヌ人	1,272	アイヌ語	日本語
ウイルタ人	287	ウイルタ語	日本語／ウイルタ語
ロシア人	140	ロシア語	日本語
中国人	104	中国語	日本語
ニヴフ人	97	ニヴフ語	日本語／ウイルタ語
ポーランド人	46	ポーランド語	日本語
エヴェンキ人	24	エヴェンキ語	日本語
ウリチ人	15	ウリチ語	日本語
トルコ人	10	トルコ語	日本語
ドイツ人	5	ドイツ語	日本語
サハ人	2	サハ語	日本語
満州人	1	満州語	日本語

　なお、アイヌをめぐる状況は他とは異なる。ウイルタ人やニヴフ人らの通った学校とは別の学校に通ったのである。しかしながら、1933年以降、アイヌ人は日本人、ならびに朝鮮人と同じ学校に通うことが決められた。

　ここで挙げた民族以外の状況については、管見の限り、あまり多くのことはわかっていない。しかしながら、特に1905年以降の樺太に居住することを選択したロシア人は日本人と同じ学校に通ったか、またはまったく教育を受ける機会がなかったことが考えられる。実際、ロシア人の家庭に生まれた子どもたちは日本の学校に通ったという記述を関連する文献に見出すことができる。そのような状況下では、ロシア人の日本語能力はある程度あったことは確かである。樺太からの引揚者の報告によると、樺太各地でパン屋などを経営していたロシア人は、日本語を話していたようである。

8.3.2　ロシア領有時代（1945年以降）

　第2次世界大戦が終わると、サハリンではロシア語が公用語となった。日本人が1947年から1949にかけて日本に引き揚げるまでの間、日本語とロシア語の二言語が併用される状況が続いた。この間の社会言語学的状況は大変興味深いものがある。1989年に実施された国勢調査の結果を見ると、サハリンに居住する民族の中では、ロシア人が最大の民族であり、それにウクライナ人、朝鮮人が続く。

　なお、戦後40年の間に朝鮮人の人口が増えたことは注目すべきことである。戦前、戦時中に樺太に渡ってきた朝鮮人の多くが、戦後その多くの出身である韓国に戻ることができなかったことに起因する。一方、北方少数民族の人口は決して多くはないことも読み取れる。ニヴフ人が約2,000人、日本人が363人、ウイルタ人が129人などである。

　学校教育で用いられるのは基本的にはロシア語である。ロシア人と日本人が一緒にいた1945年から1947の間は、日本語、英語、ロシア語が用いられていたという。戦後、朝鮮学校が設立された。朝鮮人はその学校に通い、朝鮮語を習得したが、その学校も1950年代が終わる頃には閉校となった。

　それに対し、1950年代以降の状況は一変する。ロシア語が教育言語としてもっぱら用いられるようになる。その結果、ロシア語の単一言語使用を促進することになった。終戦まで日本語が主要言語と見なされていたが、戦後はやはり状況が大きく変わったのである。

　本章では、日本語樺太方言、朝鮮語樺太方言、ニヴフ語、ウイルタ語、アイヌ語の5つの「危機言語」に焦点を当てる。それぞれの言語の置かれた地位、それぞれの言語教育、またこれらの言語を維持させるための具体的な活動について述べていく。

8.4　5つの「危機言語」と教育

　ここでは先に挙げた5つの「危機言語」を取り上げ、学校教育における各言語の状況を述べる。同時に、その言語を維持するための活動を、具体的な例を用いながら述べる。

8.4.1 日本語樺太方言

　サハリンの日本語もその消滅の危機に瀕した言語の1つである。おそらく今後2、30年以内に日本語樺太方言は消滅するであろう。サハリンの歴史でかつては公用語となっていた日本語が消滅するのである。

　日本が南樺太を統治していた間、日本語は例えば役場などの公的機関、マスメディアなどで使われていた。言うまでもなく、学校教育でも用いられていた。それは日本人を対象にした学校のみならず、朝鮮人、アイヌ人、ニヴフ人、ウイルタ人を対象とした学校にも当てはまった。

　第2次世界大戦が終わると、ロシアがサハリンを支配するようになった。日本人が引き揚げるまでの間、ロシア語と日本語の二言語使用が見られた。その間の学校教育は、日本統治時代の学校教育がそのまま継続していた。その当時と異なるのは、この時期の学校では、ロシア語の授業が開講されていたということである。さらに興味深いのは、英語の授業があったということである。これは、日本に引き揚げた後に受ける学校教育にスムーズに適応できるようにするためであった。

　1950年代以降、日本人の中にサハリンに留まることになった人たちがいる。彼らは1990年代に入るまでは日本語を学習することはなかった。また、彼らの多くは、朝鮮人と結婚した。彼らの家庭内の言語状況は、特に朝鮮人の日本語への評価によって大きく異なった。一方で日本語を家庭内での使用言語とした家庭もあるが、他方で日本語の使用を禁じられ、朝鮮語のみを使用したケースもあった。

　1990年代に入ると、サハリンの日本語教育も盛んになった。大学での日本語教育が実施され、またサハリン日本センターでも日本語教育が行われるようになった。そこで日本語を習得したロシア人も数多い。

　これと並行し、サハリンに残った日本人を対象にした日本語教育もNPO日本サハリン同胞交流協会のメンバーによって実施されている。日本から日本語教師が派遣され、日本語教育にあたった。残念ながらこの日本語教室は終了しているが、一時的にせよ、彼らの日本語使用を支援する試みがあったことは注目すべきである。

8.4.2 朝鮮語樺太方言

次に朝鮮語である。サハリン史において朝鮮人が果たした役割は大きい。現在のサハリンを支える民族の1つであることは疑いの余地もないことである。既述したことだが、ロシアで行われた1989年の国勢調査のデータによると、サハリンには35,191人の朝鮮人がいることがわかる。民族別に見ると、ロシア人、ウクライナ人に次いで3番目に多い。

現在のサハリン社会では朝鮮人の社会的地位がもっとも高いグループに入っている。会社や大学の経営者などに、朝鮮人が多いことにもそのことが確認できる。以下では、朝鮮人の間における朝鮮語教育を(1)日本統治時代以前(〜1905年)(2)日本統治時代(1905年〜1945年)(3)戦後(1945年〜1980年代)(4)現代(1990年代以降)のそれぞれについて考察する。

1　日本統治時代以前(〜1905年)

サハリンに住む朝鮮人は日本統治時代に多く移り住むようになった、と思われがちである。そのほとんどが日本を経由してきているとみなす人も決して少なくはない。たしかにこの事実は間違っていないが、サハリンに居住する朝鮮人は、日本統治時代よりも前の時代から生活していると言われている(クージン1998)。

また、その中でも漁業を営んでいた朝鮮人の間には、サハリンの沿岸地域にある番屋で生活していた人がいることも、当時の記録から確認できる(朝日2005)。その点で、朝鮮語話者がサハリンで生活していた、ということは確かである。だが、表33に示したとおり、朝鮮語の地位は低かったと考えられる。

なお、推測の域を出ないが、もし当時、サハリンで同じような境遇で生活していた日本人と交流があれば、日本語を習得していた可能性も考えられる。しかしながら、これに関連する資料は管見の限り存在しない。

2　日本統治時代(1905年〜1945年)

日本語がサハリンで公用語としての地位を獲得していたこともあり、朝鮮人の間でも日本語習得が進んだ。彼らの多くは、現在の韓国から渡ってきているが、途中、日本を経由した場合が多い。樺太に入る経緯については、募集によ

るものと当時の法に従った動員によるものがある（クージン1998）。いずれにせよ、樺太に居住するようになった朝鮮人は日本人と同じ学校に通うことになった。学校では時期によって、「ハナハト読本」「サクラ読本」（正式には「第3期国定国語読本」「第4期国定国語読本」）が使用されていた。

　この時期に、朝鮮人の多くは人によって多少の差異は認められるものの、日本語を第二言語、または第一言語として習得していった。多くの場合は、家庭内では朝鮮語、外では日本語を使う二言語使用が見られた。李（2008）によれば、家庭内で朝鮮語を使用していたとしても、「樺太日日新聞」や月刊雑誌「家の光」を購読したりしていたようである。当時は、家庭内でも日本語を使用し、朝鮮語を使用することが戦時中はなかったため、戦後、朝鮮学校に行ってはじめて朝鮮語を学習した、という朝鮮人もいるのである。

　この時期に日本語を習得した朝鮮人が現在のサハリンの日本語話者として一番大きなグループを形成している。なお、日本語能力が、民族語である朝鮮語よりも高い人がいることもここで記しておく。

3　戦後（1945年〜1980年代）

　戦後、日本に引き揚げていった日本人とは異なり、朝鮮人は、サハリンに残ることを余儀なくされた。朝鮮人と結婚していた日本人も、自身のみが引き揚げる選択をしない限り、同様の扱いを受けることになった。1949年に終わる引き揚げ事業によって、日本語話者が激減したのは、紛れもない事実である。

　それに対して、戦後のサハリンでは、ロシア人・ウクライナ人などが多数を占めるようになった。学校ではソ連の学校と民族学校として朝鮮学校が開設され、朝鮮人は朝鮮学校に通った。朝鮮学校で教鞭をとった先生はカザフスタンやウズベキスタンなど中央アジアに住む朝鮮族、または、北朝鮮から派遣された人たちであった。朝鮮学校で優秀な成績をとると、ピョンヤンの学校に行くことがあった。

　彼らの中で、日本語教育を受けた世代は、朝鮮語をあらためて勉強する必要があった。戦後生まれの朝鮮人の間では、日本語を学習する機会はなかったのである。上述したとおり、サハリンに住む朝鮮人の多くは韓国の出身である。彼らは北朝鮮に行くことはいつでも可能であったが、韓国に行くことは困難を

極めた。なお、戦後間もない頃のサハリンでは韓国人の有志による朝鮮語教育が実施されていたようである。写真3はその学校の様子を知る数少ない資料である。

写真3　戦後サハリンの韓国人の有志による朝鮮語学校

図19　朝鮮語新聞

戦後は、日本語話者が激減したこともあり、朝鮮語の地位が上がることになった。戦後サハリンに残留した日本人の多くは朝鮮人と結婚していた。彼らの家庭での言語はもっぱら朝鮮語であったケースが多い。また、日本人であることを隠しながら生活してきた人も多いことから、日本人同士の会話場面で朝鮮語が使われることもあった。その点で、朝鮮語の地位は戦時中よりも高くなったと判断できる。

　朝鮮語の地位が向上したことを表しているのは、戦後1949年より出版されているサハリン現地朝鮮語新聞（図19参照）である。この新聞は朝鮮語で印刷される日刊紙であった。近年、朝鮮語が理解できなくなった若年層をターゲットにして、ロシア語と朝鮮語のページを作成している。現在では週刊紙となっている。

4　現代（1990年代以降）

　1990年代に入り、ペレストロイカが起こると、状況は大きく変わる。日本との行き来が可能となり、日本語が再びサハリンに持ち込まれるようになった。朝鮮人にとっての日本語の捉え方に、次に述べるような変化が生じた。

　まず、日本語が観光目的で使われるようになった。日本人観光客・ビジネスマンなどがサハリンに往来するようになった。ロシア語の通訳が慢性的に不足していることもあり、日本語とロシア語、朝鮮語に流暢な朝鮮人たちは、通訳としての仕事を得るようになる。それまで日本語を使わなかった朝鮮人が日本語を再び使いこなすことによって生計を立てるまでとなった。

　また、対日本人接触場面で日本語を使用する人が増えたことも挙げられる。市場などで野菜を売る朝鮮人の中には、現在でも日本語が流暢な人が多い。彼らの言語生活の中で日本語の地位が向上したようにも受け止められる。

　朝鮮人にとっての日本語は、現在では、サハリンではなく、韓国に持ち込まれるようになっている。朝鮮人の韓国への永住帰国が進んでいることもあり、サハリンで生活する朝鮮人の数は、特に高年層を中心として、減りつつある。これを別の視点から見ると、サハリンで使われ続けた日本語が、韓国に「移植」されているのである。そこでの言語生活については、今後の著者の研究課題である。

なお、彼らの使う朝鮮語については、これまでのフィールドワークで出会ったインフォーマントからの報告によると、北朝鮮の朝鮮語の特徴を持ち合わせているようである。韓国に永住帰国した後、彼らの朝鮮語が「北鮮の言葉に似ている」と言われることが多いようである。その評価によって受けるコミュニケーション上の不都合は、彼らの韓国での言語生活における言語問題の1つと言えよう。

現在、サハリンのテレビ放送局が韓国語のチャンネルを放送するようになっている。その詳細はまだ調査する必要があるものの、サハリンに居住する朝鮮系ロシア人が韓国に関する情報を収集できるようになった。同時に、韓国語に接する機会も増えたのである。

このほかにも、サハリンに拠点を置くサハリン韓国人文化センターがある。このセンターは2007年に開設された（写真4参照）。

写真4　サハリン韓国人文化センター

このセンターでは、韓国語教室が開設されている。また、韓国語、ならびに韓国社会に関する書籍が所蔵される図書館も併設されている。このセンターにはホールがあり、朝鮮舞踊などのコンサートが行われるなど、イベントも企画される。また宿泊施設も完備される。このセンターが開設されることによって、

サハリンの朝鮮人の言語文化が維持できる環境の構築が始まったと言えよう。

その一方で、このセンターの関わる問題として考えられるのは、日本赤十字と韓国政府によるサハリン在住の朝鮮人の帰国事業が挙げられる。基本的には、サハリンに居住する朝鮮人の韓国への永住帰国を推進している。多くの朝鮮人は60年ぶりに韓国に帰ることを決心している。サハリン居住の朝鮮人の数が減ることによって、サハリンで形成された朝鮮語の維持が難しくなる可能性がある。なお、韓国に永住帰国したサハリンの朝鮮人たちは、安山市等で生活している。彼らは韓国で「朝鮮語の樺太方言」を使用している。その意味では「朝鮮語の樺太方言」は維持されるであろう。だが、その樺太方言は地元の韓国語話者からは「北鮮のことば」とみなされると永住帰国を果たしたサハリンの朝鮮人から報告してもらった。その朝鮮語も韓国語との接触により、今度変容していくことが考えられる。

8.4.3　ウイルタ語とニヴフ語

ウイルタ語とニヴフ語は、現在のサハリンでは消滅の危機に瀕した言語と見なされている。たしかに、日本語、朝鮮語それぞれの樺太方言も消滅の危機に瀕していると言えるが、ウイルタ語とニヴフ語は、消滅の危機、という点においては、その状況はより深刻であると言わざるを得ない。これらの言語使用を取り巻く状況は決して楽観できない。したがって、できるだけその状況に関する情報を収集し、ウイルタ語、ニヴフ語の維持につながる方法を模索することが必要である。

日本統治時代、すでに述べたように、ウイルタ人とニヴフ人は、いわゆる「オタスの杜」で生活していた。ウイルタ人とニヴフ人は同じコミュニティで生活し、子どもたちは学校に通い、日本語、修身、算数、図工、手芸、唱歌などの授業を受けていた。そこで使用された言語は、日本語とウイルタ語である。ウイルタ語で授業がなされていた理由は、教鞭をとっていた川村秀弥によるところが大きい。当時の学校で掲げられていた目標は日本語習得と普及であるが、川村は彼らの言語文化に特に敬意を払っていたのである。

ここで、ウイルタ語教育という点で言えば、もちろん日本語での学校教育の使用言語であるという点は変わらないものの、ウイルタ語も活用されたという

点で、公的機関におけるウイルタ語教育が実践されたということになる。管見の限り、特に終戦時までのサハリンではウイルタ語教育がなされたのは、この敷香教育所のみである。

　その一方で、ニヴフ語教育という点で言えば、状況が大きく異なると言わざるを得ない。残念ながら、ニヴフ語が敷香教育所で取り上げられたことはなかった。これは、川村がニヴフ語の知識を持ち合わせていなかったことがその理由の1つとして考えられる。なお、Wurm（1996a、1996b）によれば、この地域の民俗の多くが、多言語話者であったということである。この状況から考えられるのは、ニヴフ語話者の多くがウイルタ語を理解できた可能性は決して低くないということである。そうでなければ、川村がウイルタ語による授業を行うことができないはずである。

　終戦後間もなくして、この敷香教育所は閉鎖された。それに伴い、ウイルタ人、ニヴフ人ともに「オタスの杜」を離れた。ウイルタ人はポロナイスク周辺に留まる傾向にあったが、ニヴフ人はサハリン島全域に散らばった。

　1950年代のサハリンでは、ロシア語による教育がウイルタ人、ニヴフ人を対象に実施された。必然的に彼らのロシア語習得が進んだのである。その結果、ロシア語のモノリンガル化がこの2、30年の間に進んだ。このような状況にあるウイルタ語、ニヴフ語はいずれも消滅の危機に瀕している。

　このような状況を受けて、サハリン州は、ウイルタ人、ニヴフ人の言語文化を維持するための施策を行った。それまではサハリン州には当地の少数民族に対して何ら注意を向けることもせず、ましてやその言語文化の持つ重要性に対する認識もなかった。

　現在のサハリン州にはウイルタ人とニヴフ人の言語文化の保存、再活性化に向けた事業を専門に扱う部署が設置されている。例えば、サハリン州は、学校でウイルタ、ニヴフに関する授業を設定した。また、彼らを対象とした学校の設立も計画している。この他にも、ウイルタ語、ニヴフ語の教科書がロシアに拠点を置く研究者だけではなく、海外の研究者によって編纂されている。

　ウイルタ語については、2008年に池上二良によってウイルタ語の教科書が刊行され、500部印刷された（図20参照）。この教科書はウイルタ人の多く通う学校だけではなく、サハリン州にある学校に配布された。

図20　ウイルタ語の教科書　　図21　ニヴフの民話

　サハリンにおける言語文化を扱う本を刊行する場合に問題となるのは、いかに印刷費を確保するかである。例えば、サハリンエナジー社はこのような書籍の刊行物を刊行することを援助している。実際、池上作成の教科書もこの会社による出版助成があった。この他にも図21に示すような、ニヴフの民話もこの会社の出版助成を受けている。
　ニヴフ語の教材に関してはオランダの Tjeerd de Graaf や白石英才らによる試みがある。
　また、ニヴフ語のアーカイブも構築されている。この詳細は http : //ext-web.edu.sgu.ac.jp/hidetos/ で確認することができる。

8.4.4　アイヌ語
　アイヌ語は、言語学者の中ではよく知られていることであるが、まさに消滅の危機に瀕した言語の1つである。また樺太アイヌ語に関しては、1990年にサハリンで実施された現地調査では、サハリンにはアイヌ語話者がいないことが確認されている（村崎恭子の教示による）。樺太アイヌは北海道にいるとされるが、最後の樺太アイヌ語話者は1994年に亡くなった。
　この言語は他の言語を取り巻く状況とは異なるものがある。日本統治時代、アイヌ人たちは日本人、朝鮮人、ウイルタ人、ニヴフ人とは異なる学校に通っ

ていた。だが、1933年、アイヌ人に日本国籍が与えられることで、日本人と同じ学校に通うことになったのである。

1920年代初頭において、日本人以外を対象とした学校は7校設置されていた。その1つが敷香教育所である。残りの6つの学校はアイヌ人を対象としたものであった。学校の数が少ないため、また、1933年に施行された法律により、樺太庁はこの6つの学校を日本人と同じ学校に統合したのである。

学校では、アイヌ人の児童とのコミュニケーション手段として日本語が使用された。言うまでもなく、ある程度の日本語運用能力を身に付けたと思われる。アイヌ人は、アイヌ語を身につける機会がなかったため、日本統治時代は日本語教育を受けるしかなかった。その点、ウイルタ語による教育がなされた敷香教育所とは性格が異なると言わざるを得ない。

同じ状況はロシアが統治するようになった時期についても言える。戦時中の状況と異なる点と言えば、授業での使用言語が日本語からロシア語になった、ということであろう。1950年代以降のサハリンに居住しているアイヌ人の正確な数を把握することは難しいが、サハリンで使われていたアイヌ語の使用範囲はきわめて限られていたと考えられる。

アイヌ語でも特に樺太アイヌ語の言語維持と言語復興は、北海道におけるアイヌ語教育と関連付けて考察することは可能である。北海道には樺太アイヌが居住するコミュニティが2つあると言われる。アイヌ語復興に関する具体的な活動は、北海道アイヌ語が対象となる場合がむしろ多い。樺太アイヌ、北海道アイヌとは密接な関係があり、アイヌ語の維持、復興に関する活動が展開されている。

その具体的な活動は、北海道アイヌセンター、アイヌ文化振興・研究推進機構などの活動に見出すことができる。アイヌ文化振興・研究推進機構の活動は、例えばアイヌ語のスピーチコンテストやアイヌ語教師の育成事業などに見ることができる。

この機構は図22に示すようなアイヌ語のラジオ番組を放送している。この番組は週に一度放送され、この放送を聞いてアイヌ語の練習をすることができる。同様の内容はウェブサイトにも公開されている。また、教材については、北海道内の自治体で配布されている。

このような活動を通して、アイヌ語の維持を試みている。しかしながら、サハリンではこのようなアイヌ語の維持／再生に向けた活動は管見の限り実施されていない。

図22　アイヌ語ラジオ放送のポスター
（財団法人アイヌ文化振興・研究推進機構）

8.5　日本語教育ならびにロシア語教育に対する評価

　前節では、サハリンで使用される言語が日本統治時代、ならびにロシア統治時代のそれぞれの時期でどのような使用状況にあり、どのような教育が実施されていたかを見た。それぞれの言語に関する言語維持、復興に向けた活動も具体的に紹介した。
　本節では、日本語教育ならびにロシア語教育が、前節で取り上げた5つの言語にどのような影響を与えたのかを考察し、消滅の危機に瀕した言語にどのように取り組むのか、検討したい。
　はじめに指摘すべきは、日本語もロシア語も影響力のある言語であるということである。日本統治時代の日本語がほとんどの場面で使用されており、同様のことはロシア語についても言える。それぞれの時期において、両言語が現地の言語に与えた影響は大きく、いずれの言語もサハリンの民族語を消滅の危機

に追いやったと言える。

　日本語教育はその中でも特に効果的であった。ウイルタ人とニヴフ人が通った敷香教育所にはオタスの杜に生活する児童の９割が通っているのである。彼らは日本語を習得することにはなったものの、ウイルタ語で授業を受ける機会でもあった。この学校が二言語教育を実施することを採用したことは、指導者が彼らの言語生活を十分に理解していたことを示している。

　しかしながら、基本的には皇民化教育が基本であり、多言語教育を重視したわけではないのは事実である。実際、朝鮮語、アイヌ語の授業を開講していたわけではない。言うまでもなく、当時の樺太に生活していたロシア人、ポーランド人の使っていたロシア語、ポーランド語についてはまったく考慮されていなかった。

　一方、ロシア語教育を取り巻く状況は、日本語教育のそれとは異なる。両者に共通しているのは、単一言語教育を実施してきたということであろう。ロシア語教育はロシアの学校で公用語として用いられた。戦後開設された朝鮮学校は結局1950年代に閉校となり、ロシアの学校だけになっているのである。

　日本統治時代と異なるのは、最近になってサハリン州が現地で使われている言語を保存し、その使用を再度復活させることに関する政策を決めたということである。必然的に、州政府は、ウイルタ人のための学校を設置したり、朝鮮人のためにサハリン韓国人文化センターを開設したりしている。ニヴブ語の授業も開講されている。いずれの活動もこれらの言語維持につながるものと位置付けられよう。

　日本語や英語は国際交流基金やブリティッシュカウンシルなどの活動で普及されている。これらの機関で設定された戦略は、本章であつかったものとは性格が異なる。この機関で普及されるのは、いわゆる標準的な日本語であり、現地で形成された日本語ではない、ということである。

　しかしながら、サハリンで使われてきた日本語を維持、復興させる意味では評価できるものである。例えば、樺太方言の辞書を編纂したりするなど、その維持のための方策を講じるのも方法である。また、サハリンで生活する日系ロシア人の若者に標準語だけではなく、樺太方言を習得するための機会を提供することもサハリンの日本言語文化を引き継ぐ方法となり得る。

8.6 おわりに

　本章では、サハリンで消滅の危機に瀕した言語とその教育の状況を見た。具体的にはアイヌ語、ウイルタ語、朝鮮語、ニヴフ語、日本語を取り上げた。これらの言語教育を通して、言語維持、言語復興の可能性について考察を試みた。これを踏まえ、日本語とロシア語による教育がこれらの言語に与えた影響についても検討した。同時に、樺太方言の維持の仕方についてもその方法を模索した。

　サハリンを対象に研究を行う人はそれほど多くない。その意味でも言語研究のみならず関連分野の研究者とのネットワークを構築しながら、消滅の危機に瀕した言語教育の在り方について模索する必要があろう。

第 9 章
まとめと今後の展望

9.1 はじめに

本章では、本書で取り上げた内容のまとめと今後の課題を述べる。それを踏まえた上で、当該分野における今後の展望を示す。

9.2 本書で明らかになったこと

本書では、日本がかつて領有したサハリンで現在でも使用される日本語に見られる特徴を、さまざまな角度から考察した。

具体的には、サハリンの概要を述べた（第1章）あと、日本統治時代（1905年から1945年）に樺太に持ち込まれた日本語が、1940年代終わりに日本人が引き揚げた後から現在にいたるまで、どのように変容したのかを、次に示す3つの観点から考察した。

9.2.1 サハリンの言語接触史における日本語の位置付け（第2章）

サハリンにおける言語接触史の中で、日本語がどのように位置付けられるかを考察した。そもそもサハリンは多民族、多言語の島であった。その中で日本語がどのように位置付けられるかについて、検討を行った。サハリンの歴史上、日本語の果たす役割は大きいことは明らかであるが、アイヌ語、ウイルタ語、ニヴフ語、ロシア語との関係の中で位置付けなければならない。公的な場面での言語使用ということであれば、日本語がその地位にあったのはわずかな期間である。しかしながら、現在でも日本語話者が現地にいるのは、このような経緯による。

9.2.2　日本語樺太方言の特徴（第3章、第4章、第5章、第6章、第7章）

　戦後のサハリンでさらなる変容をとげた日本語樺太方言に見られる特徴を取り上げた。まず第3章でサハリンの日本語データを収集するフィールドワークの方法を述べた。その後、第4章で日本語樺太方言の特徴を概観し、第5章で日本統治時代に多言語社会であった敷香（現ポロナイスク）における言語接触、第6章では漁撈語彙に見る言語的特徴について取り上げた。いずれの章においても、樺太方言には、北海道や東北地方の方言における特徴がさまざまなレベルで取り込まれていることが確認できる。著者が収集してきた日本語音声データにも、関連する文献における記述からもその特徴が見出された。なお、第6章で見たように、一方で日本語教育を受けていたが、多くの場合日本の漁夫らとの接触を通して日本語を習得し、使用していたことも彼らの日本語使用を巡る状況の特色であることを明らかにした。

　また、第7章では一人のウイルタ人日本語話者に見られる言語的特徴を、アクセントを事例に考察を試みた。いずれも第二言語、第三言語として習得された日本語に見られる中間言語的特徴である。この話者は敷香教育所で日本語を習得している。その時に平山（1957）によって指摘されていた日本語の特徴が維持されていることも確認できた。

9.2.3　民族語教育からみた日本語と民族語との関係（第8章）

　サハリンで消滅の危機に瀕した言語（アイヌ語、ウイルタ語、朝鮮語樺太方言、ニヴフ語、日本語樺太方言）教育の状況を見た。それぞれの言語教育が実際どのように実施されているのか、その時代背景、社会状況などについて考察を試みた。具体的には、学校教育における民族語の取り扱われ方や新聞やテレビなどのマスメディア、カルチャーセンターや財団法人などの施設を見た。

　1940年代後半までの時期では、新聞や学校教育などで民族語が取り上げられることが多かったが、1950年代以降状況が変わる。一部新聞は刊行が継続されたが、例えば、朝鮮学校が1950年代に閉鎖され、その後1990年代前半にかけてはロシア語の教育となったのである。

　それ以後、民族語の教育やカルチャーセンターの設置など、民族語の言語維持に関する政策が現在のサハリンでも実施されていることが確認できた。

9.3 今後の課題

　本書では、現在のサハリンで使用されている日本語樺太方言の特徴を見た。特に、考察の対象を、日本統治時代に日本語を習得した人たちに絞った。彼らの言語には、中間言語的特徴が数多く観察される。その特徴分析がまず課題として挙げられよう。もちろん、言語摩滅の観点から彼らの使う日本語の特徴分析を行うことも可能である。

　具体的には、その日本語の言語的特徴を音声・音韻、形態、語彙、統語のそれぞれレベルでより詳細な分析を行うことである。本書でもその一部は扱っているものの、全体的に着手していない部分が多い。真田（2007）でその試みがなされていることもあり、本格的な分析に着手したい。

　全般的に調査が急がれる課題である。分析を行うのに必要なデータ収集となるフィールドワークも実施する必要がある。朝鮮人の用いる日本語樺太方言の特徴分析は、その話者の数が多いという点で実施可能である。彼らの多くはサハリンよりも韓国国内に居住している。韓国での言語生活自体も研究課題となるが、彼らの日本語の特徴も分析できる。彼らの中にロシア語、朝鮮語、日本語のコード切り替えを行う話者がいる。そのメカニズム解明も課題である。

　また、アイヌ語、ウイルタ語、ニヴフ語話者の用いる日本語の特徴分析も課題である。話者で言えば、朝鮮人より数は少ない。樺太アイヌ語話者は、さきにも述べたが話者がいなくなった。またウイルタ人、ニヴフ人の日本語話者の数も、著者が現地で調査を開始した2003年以降、減少している。

　彼らの日本語の特徴分析の方法として、
　　（1）現地調査を実施する
　　（2）日本語音声資料にアクセスする
ことが考えられる。（1）についてはウイルタ人、ニヴフ人が対象となるが、話者が少ないので調査には緊急性が伴う。（2）はアイヌ人も対象となる。録音機材の改良、普及によって日本語音声にアクセスすることが可能となった。幸いなことに、ウイルタ人、ニヴフ人、樺太アイヌ人の話す日本語音声は存在する。本書では取り上げられなかったが、この資料を活用した分析を行うのも課題である。

この他に研究資料として価値を持つのは

　（3）日本語による作文
　（4）日記や手紙

などの書き言葉である。読み書きができる話者に限定された資料であるが、話し言葉との違いを把握する上では研究として活用できる資料である。作文データは、特定の課題（年中行事や自然災害など）で書かれることが多く、ある程度コントロールされたスタイルの書き言葉データが収集できる。

　日記や手紙となると、なかなか収集は困難である。だが、そこに記された日本語も1つの言語生活の側面を示している。資料が見つかれば、であるが、彼らの使用する日本語のレジスターを知る言語資料となりうるのである。

9.4　海外の日本語研究への展望

　海外の日本語研究は、これまで様々な形で実施されてきた。話者の高齢化に伴い、緊急性の高い研究課題として課題が設定され、この課題を遂行する使命を感じる研究者によって精力的に調査が実施されてきた。著者もこの使命を感じる者の1人である。

　サハリンでの調査に着手してから、現地の人に「どうして10年早く来なかったのか？」とよく質問された。残念ながら、著者はその当時はまだ大学生であった。サハリンに調査ででかけるとは夢にも思わなかったのである。

　海外の日本人コミュニティ、または日本語が使用されるコミュニティを対象とする研究は、言語学だけではなく、歴史学、民俗学、人類学、経済学、移民研究など、さまざまな領域で実施されている。そこで収集された調査資料が存在する。

　海外の日本語話者の場合、話者がいなくなれば、調査を実施することができない。日本語の情報をどれだけ収集できるか、にすべてはかかっている。だが、特定の研究者のフットワークだけではすべてを収集することには限界がある。

　様々な研究分野で収集された調査資料の中には、日本語を媒介言語とするものがある。その日本語は、研究者が個人の研究の関心で収集しはじめた時代よりも前のものである場合がある。

サハリンの場合でも、別の研究者や団体によって日本語の音声が記録されている。その日本語は格好の調査資料となる。

今後の当該分野における研究として、国内外に存在する海外の日本語を収録した音声資料、映像資料を収集し、その文字起こしを言語資料として活用する方法を提案したい。そこに収録されている資料は、言語研究にも関連分野の研究にも活用できる。今後の展望としてこの方法を提示する。

もちろん前節で触れた書き言葉資料は、言語研究者よりも歴史学者、人類学者、移民研究者らが重点的に収集している可能性が高い。その意味でも彼らとの研究者ネットワークを構築する中で、言語研究としての書き言葉資料を収集することも、その方法に追加したい。

いずれにせよ、我々にできることは、当時の言語生活のより正確な記述を試み、日本語の特徴を明らかにすることはもちろんのこと、当時の社会言語学的状況につながる資料の整備、言語資料（音声、映像、文書など）の保存、整備、研究者への公開である。もちろん、いろいろと話を聞かせてくれた話者やその家族への報告もである。いずれも、今後の海外の日本語研究には必要不可欠なことである。

付録

サハリンでの日本語談話データ

- 収録日：2007年6月29日
- 話　者：JS（男性、1939年生まれ）
　　　　　KB（女性、1944年生まれ）

凡　例

1. 発話は漢字・仮名まじり表記（長音はー）で示す。
2. 話者の発話をゴシック体で、調査者R1（真田信治）、R2（朝日祥之）の発話を明朝体で示す。
3. 騒音などのために聞き取りが困難な場合は＃で示す。なお、発話内容により略した部分がある。
4. 文末の自然下降イントネーションには「。」を付す。
5. 疑問を表す上昇イントネーションには「？」を付す。
6. 息継ぎなどの、明らかなポーズは「、」で表す。
7. 非言語情報は｛笑｝｛咳払い｝などのように｛　｝内に入れて示す。
8. あいづちなど話し手の発話を妨げない聞き手の発話・行動は改行せず（　）内に記す。ただし、発話の重なりは反映していない。
9. ＜　＞内は場の状況及び語句の説明などである。
10. 人名など、プライバシーにかかわるものは○で伏せる。

（文字化：金美貞）

R1：お生まれは何年ですか。

JS：んー、1939年。

R1：39年、(**JS**：ん) あーそうですか。

R2：どこで生まれたんですか。

JS：んー、サハリンの、んー何というの、んー、アニワ郡、＃＃、日本語でナイシャ＜内砂＞、

R2：ナイシャ、(**JS**：ダー) アニワ湾の近くのほうですか。

JS：んータランナイ＜多蘭内＞からずーっと（R2：ん）今、ないです。

KB：今その村ないね。

JS：ないね、無くなった。

R2：えとー、じゃ、今は、えー、68歳ですか、じゃ。

JS：そう、68歳になります。

R2：そうですね。えとー、お父さんとお母さんは、樺太に移っていたんですか、それとも

JS：ん、そうです。

R2：あの、日本、どちらから来たか、覚えてます？

JS：ん、父さんは山形の、母さんは仙台のほう。

R1：あ、そうですか。

R2：何年ごろ、樺太に来ていたか、(**JS**：あー) 聞いてますか、わかんない？

JS：聞いてない、聞いてないです。

R2：じゃあ、えっとー樺太で生まれた時にはもう家があって、(**JS**：はい) お父さん、お母さんが住んでいて、で、JSさん、何＃、何番目の、兄弟だったんですか。上にお兄さん、下が、お兄さん、お姉さん、弟、妹とか、

JS：う、

R2：何人？

JS：覚えてない。{笑} ○○さんとこに、私、(R2：ん) もっ、もらい＃＃＃

R1：あー、それで、はいはいはい。

R2：じゃあ、

JS：う、3人

R2：3人いたの？ あー、そうか、そうか、何番目だったんですか、そのー一番、お兄さん？ 弟、真ん中？

JS：ん、ん、真ん中です {笑}。
R2：{笑} 真ん中、お父さんは、どういった仕事をされたんですか。
JS：あ、う、あれ、郵便局のあれ、電話のこと
R2：あー、そうですか。同じ村のですか、それとも
JS：ええ、
R2：お母さんは家で、
JS：はい、そうです。
R2：で、電話局の、郵便局のあの、電話の仕事は、その、樺太あちこち転々することなく、ずっと
JS：いや、うー、ナイシャに、ナイシャの村に行って、(R2：ん) ナイシャからもっと、ん、南のほうへ、うー
R2：じゃ、もう南のほうに、
JS：ん、＃＃＃電話はあれ、線あったんです。そのころ修理のほうは
R1：あー、は。
R2：でもずいぶん大変な仕事じゃないんですか。その、修理の
JS：ええ、そうだったと思いますね。
R2：ね、ですよね。へー、そっかー。えーと、生まれて、でー、学校は、
JS：私？
R2：はい、日本の学校に、
JS：日本の学校、1年。
R2：1年ですよね
JS：は、入っただけです。
R2：ん、ナイシャにがっ、
JS：ん？
R2：ナイシャの学校行ったんですか。
JS：はい。
R2：何て名前の学校だったんですか。
JS：あ、学校一つしかなかったね。
R2：あ、本当。
JS：ええ、
R2：1年生たくさんいたんですか。

JS：1年生行って

R2：じゃ、1年生からそのー歩いて、で、その後ー学校が無くなった。

JS：＃＃＃＃、ううん、1年生入っ、日本は、よ、4月からでしょ？

R2：ん、ん。

JS：入って、そして少しあるいで、それで、無くなってしまった。

R2：無くなってしまった。どんな雰囲気だったんですか、その、戦争の、終わるころの、こう学校入って、**(JS：ん)** 半年っていうのは、こう例えばこう、授業では、

JS：う、＃＃＃＃＃そんなに、そんなことなかったのね。

R2：普通にこう毎日、朝、起きて

JS：ええ、{笑} そうです。

R2：学校に行って、

JS：小さい村だから（R1：んー）

R2：あ、そうか。その村はあれですか、あの、日本の方ばかりだったんですか。それともこちらの方でも

JS：そうですね、ロシアの＃＃＃、だれもない

R2：何人、何人ぐらい、そのナイシャっていうのは

JS：んー、＃＃＃＃500人ぐらいだと思いますが。

R1：1年生入って、そのクラスっていうか、学級は何人ぐらい、生徒がいましたか。

JS：生徒、10、

R1：10。

JS：10人ぐらい＃＃＃1年生のとき。

R1：あ、そう。

R2：じゃ、一つの教室に1年生、**(JS：ええ)** 2年生

JS：いや、そんなにいないと＃＃

KB：そうないんだ。

JS：ん、1年生15人か20人ぐらいですから、あと、2年生、3年生、＃＃＃

R2：ん、そうですよね。2年生、3年生も、15人、

JS：そのぐらいだったと思いますね。

R2：ぐらいだったんですね。

JS：たくさんいなかった。
R2：じゃあ、100人ぐらいですか、学校全部で。
JS：うー、そうですね、
R2：校庭にこう全員が集まると、
JS：100人いないかもしれないですね。
R2：んー、学校で、こう平仮名とか、カタカナとか、の勉強は、した、
JS：そうです、平仮名とと、カタカナは、
R2：ん、簡単な漢字は、
JS：あ、簡単な漢字も｛笑｝少しね
R2：少し。で、戦争が終わって、しばらくは学校があったんですよね。
JS：戦争終わって、それから、んー46年とし、（R2：ん）ん、とし、ロシアの学校、できて
R2：あー、そうですか、ん、ふん。それはナイシャの村にあったんですか、それとも、ロシアの学校は、
JS：いや、う、そう、もとの学校はまだこの、ロシア人、入ってきて、それから今度ロシアの
R2：はいはいはいはい。
JS：そのまま
R1：そのままロシアの、あー、そうですか。
KB：ロシアじゃなくてソビエトの学校でしょ。
R1：ん？（R2：ソ連の）んー
R2：で、そこでロシア語の勉強をした、
JS：そうね。｛笑｝
R2：じゃ、もう2年生、3年生か、3年生ぐらいにはもうロシア語の教科書を見て、キリル、ロシアの文字を覚えて、
JS：ん、そうですね、む、難しかったですね。ことばも分かんなかったね｛笑｝
R1：そうでしょうね。先生は何、あの、すぐロシアの人？
JS：あ、ロシアの。
R1：あー
R2：日本語は使わなかったんですか、そのソ連の学校で。
JS：日本語

R2：日本語ないんですか。
JS：あ、ロシア人に
R2：もう全部ロシア語話して、
JS：{笑} ん
R1：初めは全然分からなかったですね。
JS：はい。すこーしね、（R1：ん）すこしはわかる。悪いことばだけね。{笑}
R1：悪いことば {笑}
JS：なして＃、みんな先にもおぼ、覚えるのは悪いことばだけ {笑}
KB：悪いことばはすぐ覚えるね。
R2：でも、お父さんとかはどうなんですか、あのー戦争が終わってから、こうロシアの人が、ま、ソ連が入ってきて、（**JS**：ん）仕事はそのまま、
JS：そのまま、えー
R2：やってた？
JS：ん。
R2：お父さんもロシア語じゃ、勉強しなければいけなかったんですか。
JS：ん、父さんはすこーし分かった、分かってるようだったね、ロシア語
R2：あ、そうですか、あー。
JS：そしてもう自分でも勉強して
R2：ん、じゃ、家のなかでは、もっぱらこう日本語が、家の中ではずっと使われていたんですか。
JS：ん、やっぱり家のなかでは日本語。
R2：日本語
JS：ん。
R2：じゃ、学校でもしその、ソ連の学校で、あのーもし日本語使ったら先生があのーこう、叱るとかしたんですか。こう、「なに、日本語をしゃべってるんだ」と
JS：いや、そういうことはなかったね。
KB：ん、だけどね厳しいよ。（R1：んー）とにかく厳しかったよ。先生だち朝鮮、北朝鮮＃＃＃＃
R1：あー、そうか、そうか。
R2：じゃあ、ソ連の学校に何年間通ったんですか。

JS：そうですね。
R2：何をされてたんですか。
JS：そう、ナイシャで2年行った、3年、3年生まで。
R2：ん、ふん、その後に、
JS：その後はーあれ、今アニワ、ルタカ＜留多加＞に
R2：ルタカね、
JS：出されてしまいます｛笑｝
KB：村がなぐなって？
JS：いや、村、なくなったんじゃなく、あの、何っちゅうの、んー、日本人、みんな
KB：引きあげたの、アニワに
JS：ん。
R1：あー
KB：＃＃られた、そのときに
JS：そのときに、＃＃＃
KB：大体の数、記憶ないの？
JS：50人ぐらいいたかもしれない。
R1：50人、おー
KB：50人だと大したもんだね。
R2：ルタカには、もう家も全部引き上げて行ったんですか。学校もルタカでしたか。ルタカに行った3年間の間に、(JS：あー) そのときはもう家族も
JS：え、みんな。
R2：みんないっしょ、んで、引き上げー船には、乗れなかったんですか。乗った、乗ったんですか、それとも、何か事情があったんでしょうか。
JS：あ、日本に？
R2：ん。
JS：あー父さんは、あれー郵便局で働いてて、で、郵便、父さんのほうから電報来たっちったね。あ、えー残って、ロシア人のほうに少し、手伝って、ま、手伝ってくれて、電報が来たって。して、残って、そのまま残ってしまう。

R2：あー、そうですか。あー、ふんふんふん。じゃあ、もう、あれというか、もう駅の、駅員をしていて、もう駅の仕事があるからずっとこう働いたら、こう気付いたころにはもう引き上げ船が行ってしまったっていうか、そんな、同じようなもんですよね。

JS：ええ、そう。

R2：じゃ、お父さん、あれですね、じゃ郵便局のその電話の仕事をずっとこうなさった、

JS：ずーっとしたと思う。

R1：じゃ、残れって、日本が言ったんですか。

JS：あ、日本のー、そうですね。

R1：あ、そうですか、ほー。

R2：あの、でん、お父さんは、電線はずっと日本時代のものを、そのまま使ってたんですよね。

JS：あ、そうです。はい、そうです。

R2：じゃ、日本の、技術者がいたほうが、(JS：はい)いいってことですよね。で、そのルタカにじゃあ、そのあと、

JS：ルタカを出た後は、父さんは、リムの仕事、＃＃＃で働いていました。

KB：リム、＃＃＃？ リム、

R1：リム？

KB：ん、リム、リム

R2：リムって、あの、林の、(KB：ん)じゃ、林だ。

R1：あー

KB：種まいて、(R1：種まき)木を植えたり

R1：木を植えたり、

R2：植林したり？

R1：あーそうですか。

KB：リムっちゅの？ リム、リンと、

R2：リム

KB：ん、

R2：リムっていうかな

KB：ん、

R2：でもこれ＃＃＃＃＃
R1：あの、＃＃＃の、あの、営林みたいね、ロシアの
JS：イェリン＜営林＞、今はイェリンっていう。
KB：ん、エイリンっていう、木を守ったり、(R1：あ、あ、そうです、そうです）木を守ったりして、許可持ってきてロシアの人たちのこの木を切って持っていっても良いってそれを全部調べたりして、
R1：ん、ん、そうですよね、んー。
R2：そうか、じゃあ、お父さんはその、山の仕事をされてて、で、JSさんは、ソ連の学校を出てからは
JS：ええ、そのまま、今度、つ、続いて
R2：ん、えとーロシアの小学校、に当たるもの？
KB：え、ロシアのー1年生から
R2：1年生からの学校、終わった後は、日本は中学校とか、
JS：あー、もとはあれ、7年生までー。
R2：7年生までやってやって、(JS：はい、ん）
KB：それは朝鮮学校でない？　ロシア学校でない、朝鮮学校でない？
JS：え、私、ロシア学校だ。
KB：アニワー、ロシア学校なかった。
JS：だから朝鮮語、あ、あれは、
KB：ん、朝鮮語知らない。
JS：知らない。
R2：んー、ふんふんふん。じゃあ、あのソ連の学校行って勉強して、何歳まで勉強したんですか。
JS：ん、そうですね、んー、10、17歳まで。
R2：17歳、おーほ、ほ、ほ、ほ、ずいぶんじゃ、教育はこう、
JS：17歳まで勉強して、1年、んー働いて、それからね、え、何というの、＃＃＃、軍隊、軍隊ね
R1：あーそうですか。
KB：3年？
JS：2年半。
KB：2年半。

R2：2年半、ん、じゃ、20歳のときに兵隊の、(JS：うー) 19か、20
JS：いや、兵隊は18歳
R2：18歳から、ん
JS：18歳から行って、
R2：ん、ふんふん、で2年半ですから、20歳、21ぐらいですよね。
JS：そうです。
R2：そっからは、こう、仕事は何か、なさったんですか。その後兵隊の終わった後は。
JS：兵隊、あ、あの終わった後は、(R2：ん) {咳} 私、######、{声が小さくなる} 働きました。
R2：同じ、じゃ、お父さんと同じとこですね、じゃ。じゃ、お父さん、お父さんはあれですか、もう年取って、辞めてしまったんですか。
JS：いや、働いて
R2：働いてたんですか。じゃ、お父さんと同じ仕事をこう、(JS：ん) やったんですかー。あー、そうですか、そうですか。
R1：でも、JSさんは学校でロシア語習ったからいいけども、お父さんは大人になってたからなかなか大変だったじゃないかな。
JS：うー、大変だと思いますね。
R1：ね、ロシア語ね。
KB：どうせあのー忘れるでしょ、####
JS：{笑}
R2：そのお父さんの職場には他に日本人はいたんですか。日本人はいなかった
JS：日本人はいなかった。
R2：いない
JS：ん。
R2：じゃ、もうロシア人がたくさんいて、そのなかで日本人が、1人か2人か（JS：ん）
KB：そのロシアのほうでは勉強になってスペシャルにまで行った人もいた。
R2：ん、そうか。
KB：{ささやくような声で} ○○○○さんもそうなったの。残されて、ん

R2：○○○○さん、ん、んん。
KB：49年度に、引き上げた。
R2：で、その、森のなかの営林業の仕事を、ずっともうそこから二十歳、21の頃から、ずっと続けて、(JS：ええ)続かれたわけですね。じゃ、あの奥様は、ご結婚は、何歳でしたか。
JS：あー27歳。{笑}
KB：遅いね。
JS：ああ、少し遅かった。{笑}
R2：奥さん、どんな方なんですか。日本の方だったんですか、それとも、ロシアの方だったんですか。
JS：いや、半分、半分 {笑}
KB：あ、混血。
R1：あー、そうですか。
JS：父さんが、韓国人、母さん日本人。
R2：奥さんは日本語は、そのときは達者だったんですか。それとも
JS：んー、使って
R2：使ってた。
JS：ん。
R2：ん、ふん。じゃ、こう出会って、20、結婚する前に奥さんと出会って、こう、ちょっとお茶でもしに行くときは、
JS：あーそうですね。
R2：それは、そ、ロシアのことばでしたか。
JS：ロシア
R2：日本語はあまり出なかったですか。
JS：あー、少しー 出なかったね。{笑} 使わなかったから。
KB：そうそうそう。
R2：あー、そうか。じゃ、
JS：今でも、う、
KB：ロシア語でしょ？
JS：ん、家族といるときはもうロシア語
KB：全然日本語は使わないのね、朝鮮語も。

R2：あーそうか。じゃあー二十歳過ぎて仕事始めたら日本語使うことがあんまり、

JS：なかったねー。

R2：なかった。忘れてはなかったんですか。

JS：んー、忘れてはなかったけど、なかなか、(R2：ん) 早く出てこないんです。

R2：出てこない、あ。で、結婚なさって、お子様が、何人、子ども、何人

JS：うー、今、あ二人。

R2：二人。えっと、男の子と女の子

JS：いや、女の子二人。

R2：女の子二人。

KB：{小さい声でささやくように} 孫いるでしょ。

JS：ん？

KB：孫。

JS：孫、三人。

R2：それ#####

JS：それも女。

R1：あ、女の子、そうですか。

JS：{笑} #######

R2：じゃ、あのー娘さんと奥様と家で、こう食事をするときとか、家族でいっしょにいるときは、どのことばを使って話したんですか。

JS：ロシア語ですね。

R1：ロシア語。

R2：日本語でこう、例えばあの夫婦でこう話すこと、なかった、喧嘩をするときにこう、

JS：んー、そんななかったね。

R2：喧嘩することがなかったですか。

JS：{笑} いや、ことば、日本語####出なかった。ロシア語で、

R1：そうですか、あー

R2：場合によっては、こう、ある意味ののしるときも全部ロシア語だったんですか。(JS：えー) じゃあ、あの、娘さんたちは、日本のことばは、聞

いてもわからない、今は、それとも
JS：んー、少し
R2：少しだけ、んん、じゃあ、日本語を使うときって、どんなときですか、例えばここでお仕事さなるときは
JS：そうですね。
R2：ん、それって、例えばじゅー、15、6年前、ちょうどあの、日本と行き来ができるようになる、頃の前と比べて、日本語は使う機会が増えたと思うんですか。
JS：んー、そうですね、そんなに使う、ことなかったね。
R2：昔、あの、(JS：ん) 70年代に日本の方で集まったら、(JS：ん) あの、日本語が出てこなかったんだって、で、朝鮮のことばが (JS：あー) 出てきたって聞いたんですけど、JSさん、そういったことは、
JS：私働いてるとこは、うー、日本人もいなかったし、朝鮮の方もいなかったね、みんなロシア人だから、みんなロシア語だけで
R2：ん、ふん、日本人と会うことはあったんですか。その、働いている、お仕事終わったらとか、休みとかっていう
JS：町の中、町の中に日本人いたから、(R2：ん) 会うときは日本語で少し、
R2：あ、そうですか。(JS：ん) お友達とか学校の友達とか、こう、いろんな、友達ですよね、＃＃は
JS：あー、それはロシア語、みんな、
R2：学校の友達はロシア語？
JS：んー
R2：じゃ、同じナイシャの村、の生まれで、学校も同じで、日本人の友達って、今
JS：あー、い、いない、
R2：みんな日本に
JS：みんな日本に
R2：みんな日本に行ってしまって、
JS：ん、行ってしまった。
R2：じゃ、ここで日本人、の友達、友達じゃなくこう例えば日本人に会うと、日本語を使うことがあった、

JS：はい、そうです。
R2：それ以外はもうほとんど
JS：ないですね。
R2：そうだとあの、夜夢を見るときは、JSさんロシア語で見るんですか。
JS：そりゃそう、{笑} そうですね、夢 {笑}
R2：日本語でこう話す夢って見ませんか。(JS：{笑}) 見ない？
JS：ん。
R2：あ、そう。
JS：ないね。{笑}
R2：なんか、難しいこと考えるときも全部ロシア語で考えてるんですか。
JS：ん、はい、そうです。
R2：あー
R1：JSさんのその、日本語っというのはやっぱり小学校1年生までっていうか、子どもの頃覚えた日本語、ですよね。
JS：そうです、家の中で
R1：家の中で使う、あー、特にどっかで日本語を勉強したっていうことじゃなくて、ずっと、あー、家の中で使うことば、あーそうですか、そうですか。
R2：じゃ、今、例えば平仮名、カタカナを、見て読むことは、(JS：ええ) 問題ないんですか、書くことはできますか。
JS：少しだけ

(真田・朝日・金 編2012による)

おわりに

　本書は、著者が大阪大学大学院に在籍していた2003年から現在に至るまでサハリン、北海道、東京、韓国で実施してきたフィールドワークで収集した調査データをもとに分析を行ったものである。

　サハリンの日本語について研究しようと決心したのは、2002年8月のことであった。フィンランド東部の町、ヨエンスー（Joensuu）で開催された方言学の方法論に関する国際会議（Methods XI）に参加した折のレセプションでたまたま話しかけた参加者との会話でサハリンのことを知ったのである。その参加者とは、オランダ人の言語学者、Tjeerd de Graaf 氏である。De Graaf 氏は1990年、村崎恭子氏をリーダーとする調査団がサハリンで調査した際のメンバーであった。そこでは朝鮮系ロシア人が流暢な日本語を使っていたというのである。

　それまで、サハリンの日本語について Mühlhäusler and Trew (1996) にわずかに紹介されているだけであった。以後、サハリンで使われている日本語の調査研究に着手することになる。当時、これとは異なるテーマで博士論文を執筆していたが、執筆のかたわらサハリンの日本語についての文献を読みあさったものである。

　サハリンで様々な人に出会うことができた。ユジノサハリンスクやコルサコフなどの市場にいくと、キムチや花を売る朝鮮人のおばあちゃんたちが日本語で声をかけてくれる。

　ポロナイスクでは、現在でもウイルタ人やニヴフ人たちに接することができる。その中でも、日本語ができる人が、その数は少なくなったものの、まだいらっしゃる。調査の中で、あるウイルタ人のおばあちゃんに出会った。敷香教育所に通ったというこのおばあちゃんは、日本語が流暢だった。最初に会った2004年9月には、このおばあちゃんの友人のウイルタ人が日本語で会話をする場面にも遭遇した。

"泣くな妹よ　妹よ泣くな　泣けば幼い
二人して　故郷を捨てた　甲斐がない"

　昭和12年に流行した「人生の並木道」である。昭和40年代生まれの私はこの歌をこのとき初めて知った。

　このおばあちゃんにはその後2006年の調査まで、いろいろとお世話になったが、その後、亡くなった。当時の日本時代の樺太を教えてくれる話者に出会うことができたことは私にとって幸せなことであった。

　この他にも、調査で出会った人は数多い。調査の期間、サハリンから日本、韓国にそれぞれ永住帰国した方々に日本、韓国で調査を継続させていただいたケースもある。

　サハリンは従来から歴史的変動の多い島であった。はじめてサハリンで調査をしてから9年が経つ。その間、サハリン社会の変化があり、人も移動した。その人々を追いかけながら調査を実施している。今後もフィールドを広げながら日本語樺太方言話者と向き合っていきたい。

　最後に。

　本書を作成する上で、実に多くの樺太方言話者の方々をはじめ、下記に挙げる方々に調査にご協力をいただいたり、情報提供をしてもらったりした。また、表紙の写真は北海道立北方民族博物館所蔵のものを利用させてもらった。ここに心よりお礼を申し上げたい。

【順不同、敬称略】

インガ・イブラヒム、池田裕子、任栄哲、小川峡一、笹倉いる美、笹原茂、真田信治、白石英才、丹菊逸治、津曲敏郎、土岐哲、竹野学、三木理史、村崎恭子、山田祥子、Daniel Abondolo, Tjeerd de Graaf, Ekaterina Gruzdeva, Alexander Kostanov, Sofya Chununovna Lim, Tatyana Roon, Igor Samarin, Sveta Sangi, Pieter van Reenen, Nikolai Vishneyskii

参考文献

秋田県教育委員会編（2000）『秋田のことば』無明舎出版
朝日祥之（2004a）「サハリンにおける言語接触小史」真田信治　監修、中井精一、内山順蔵、高橋浩二編『日本海沿岸の地域特性とことば―富山県方言の過去・現在・未来―』121-146、桂書房
朝日祥之（2004b）『サハリンで生まれた共通語について』第111回変異理論研究会　発表資料
朝日祥之（2005a）「海と方言―島の間の方言の伝播」『日本語学』24-9：50-61
朝日祥之（2005b）「サハリン島ポロナイスクにおける言語接触―日本語の地位を中心として―」『日本言語文化研究会論集』1号、25-40、日本言語文化研究会
朝日祥之（2005c）「サハリンの日本語」真田信治・庄司博史編『日本の多言語辞典』岩波書店
朝日祥之（2006）「社会言語学における方言接触研究のこれから―地域社会の特性との関係を中心に―」真田信治監修　富山大学人文学部日本海研究プロジェクト世話人編『日本のフィールド言語学―新たな学の創造に向けた富山からの提言―』日本海総合研究プロジェクト研究報告4：256-272、桂書房
朝日祥之（2007）「サハリンにおける日本語の地位について」中央大学校国際会議『言語の維持と変容』韓国・中央大学校
朝日祥之（2008a）「樺太方言と北海道方言の関係についての一考察―サハリンでの現地調査データをてがかりとして―」山口幸洋博士の古希をお祝いする会編『方言研究の前衛　山口幸洋博士古希記念論文集』、178-194、桂書房
朝日祥之（2008b）「サハリンの樺太方言における二拍名詞アクセント」『北海道方言研究会年報』85号、42-56、北海道方言研究会
朝日祥之（2008c）「サハリンに残存する日本語の特質について―二拍名詞のアクセントを手がかりとして―」シンポジウム「東アジア残留日本語の実態―拡散と収斂―」第21回社会言語科学会大会　東京女子大学
朝日祥之（2010）「サハリンに生まれた日本語の接触方言」『日本語学』29-6：28-40
朝日祥之（2011）「フィールドワークを行う」パトリック・ハインリッヒ・下地理則共編『琉球諸語記録保存の基礎』118-129、東京外国語大学
粟野仁雄（1994）『サハリンに残されて―領土交渉の谷間に棄てられた残留日本人』三

一書房
池上二良（1997a）「ウイルタ語研究及びウイルタ語の現状」『第十二回特別展　樺太1905―1945―日本領時代の少数民族―』北海道立北方民族博物館
池上二良（1997b）『ウイルタ語辞典』北海道大学図書刊行会
池上二良（2001）『ツングース語研究』汲古書院
池上二良（2004）『北方言語叢考』北海道大学図書刊行会
石垣福雄（1991）『増補改訂版　北海道方言辞典』北海道新聞社
井本三夫編（1998）『北前の記憶』桂書房
太田武夫（1935）「樺太土人ギリヤーク、オロッコの氏族制度」『民族学研究』1-4：107-115
太田典礼（1983）『樺太と日本の悪縁』人間の科学社
大沼保昭（1992）『サハリン棄民』中公新書
樺太敷香時報社（1939）「樺太年鑑」昭和十四年版　樺太敷香時報社
樺太庁（1933）『アイヌ外土人調査』樺太庁
樺太庁（1941）「昭和一六年度樺太庁統計書」樺太庁
樺太庁敷香支庁（1932）『オロッコ土人調査其他』樺太庁敷香支庁
樺太野田小学校同窓会野田白樺会（1980）『樺太・野田町の想い出』樺太野田小学校同窓会：野田白樺会
川村湊（1994）『海を渡った日本語―植民地の「国語」の時間』青土社
梶　茂樹（1993）『アフリカをフィールドワークする―ことばを訪ねて』大修館書店
北川アイ子（1997）「『オタス』の暮らしとわたし」『第十二回特別展　樺太1905―1945―日本領時代の少数民族―』北海道立北方民族博物館
金美貞（2008）「日本語と朝鮮語の接触について―サハリン朝鮮人2世の事例―」『日本語學研究』23：15-29、韓国日本語學会
金田一京助（1925）『アイヌの研究』内外書房
クージン・アナトーリー著　岡奈津子・田中水絵訳（1998）『沿海州・サハリン近い昔の話（翻弄された朝鮮人の歴史）』凱風社
呉人恵（2003）『危機言語を救え！―ツンドラで滅びゆく言語と向き合う』ドルフィンブックス　大修館書店
国立国語研究所（1965）『共通語化の過程―北海道における親子三世代のことば』秀英出版
国立国語研究所（1966）『日本言語地図1』国立国語研究所
小西いずみ・三井はるみ・井上文子・岸江信介・大西拓一郎・半沢康（著）、小林隆（編）『シリーズ方言学　方言学の技法』岩波書店
在ユジノ・サハリンスク日本国領事館（2003）『サハリンについて』ウェブサイト（URL：

http://www.sakhalin.ru.emb-japan.go.jp）

真田信治（2002）「言語データの収集をめぐって：現地調査法概論」山田達也先生喜寿記念論文集編集委員会編著『地域語研究論集：山田達也先生喜寿記念論文集』35-52、港の人

真田信治（2007）「樺太（サハリン）における言語生活を垣間見る―残留コリアンHさんの事例から―」『國學院雑誌』108-11：325-334

真田信治・朝日祥之・金美貞（編）（2012）『サハリンに残存する日本語の談話データ』人間文化研究機構国立国語研究所

佐々木史郎（1996）『北から来た交易民：絹と毛皮とサンタン人』NHKブックス

敷香郷土研究会編（1930）『樺太奥地見学の栞』興文社印刷所

敷香支庁（1937）『昭和12年　管内要覧』樺太庁敷香支庁

白鳥庫吉（1907）「唐時代の樺太について」『歴史地理』第九巻

小学館（1995）『日本方言大辞典』小学館

ステファン・ジョン（1973）『サハリン　日・中・ソ抗争の歴史』原書房

全国樺太連盟（1978）『樺太沿革・行政史』全国樺太連盟

高田銀次郎（1936）『樺太教育発達史』樺太教育界

高橋盛孝（1934）「ギリヤーク族における外来語及び外来文化について」静安学社編『東洋学叢編』第一冊　力江書院

田中了・D.ゲンダーヌ（1993）『ゲンダーヌ　ある北方少数民族のドラマ』徳間書店

田辺尚雄（1927）『島国の唄と踊』磯部甲陽堂

谷川健一（1997）『北の民族誌―サハリン・千島の民族―』日本民俗文化資料集成二十三巻　三一書房

田村すず子（1988）「アイヌ語」亀井孝、河野六郎、千野栄一編『言語学大辞典』第一巻　三省堂

津曲敏郎編著（2003）『北のことばフィールド・ノート――18の言語と文化』北海道大学出版会

丹菊逸治（2001）「ニブフ語の魚名と漁労語彙（１）」津曲敏郎編『環北太平洋の言語　第８号』文部科学省特定領域研究（A）「環太平洋の「消滅に瀕した言語」にかんする緊急調査研究」報告書

東京外国語大学アジア・アフリカ言語文化研究所（1966）『アジア・アフリカ言語調査票　上』アジア・アフリカ言語文化研究所

東京外国語大学アジア・アフリカ言語文化研究所（1979）『アジア・アフリカ言語調査票　下』アジア・アフリカ言語文化研究所

徳川宗賢・真田信治編（1991）『新・方言学を学ぶ人のために』世界思想社

中井精一編（2005）『社会言語学の調査と研究の技法―フィールドワークとデータ整理

の基本―』おうふう
中尾重吉（1983）『樺太　開拓と市民町村民史』私家版
中川裕（1995）『アイヌ語をフィールドワークする―ことばを訪ねて』大修館書店
中島由美（1997）『バルカンをフィールドワークする―ことばを訪ねて』大修館書店
中目覚（1913）『土人之教化』樺太庁敷香支所
長根助八（1925）『樺太土人の生活―アイヌ・オロッコ・ギリヤーク』洪洋社
西田直敏（1988）「明治大正期の北海道・樺太における北方諸民族への日本語教育」『甲南女子大学研究紀要』25：107-131
野添憲治・田村憲一編（1978）『樺太の出稼ぎ（漁業編）』秋田書房
服部四郎編（1957）『基礎語彙調査票』東京大学文学部言語学研究室
服部健（1952）「樺太ギリヤークの漁撈語彙」『九学会連合年報』第4輯：49-60
服部健（1988）「ギリヤーク語」亀井孝、河野六郎、千野栄一編『言語学大辞典』第一巻　三省堂
菱沼右位置、葛西猛千代、西鶴定嘉（1982）『樺太の地名』第一書房
平山輝男（1940）『全日本アクセントの諸相』育英書院
平山輝男（1957）『日本語音調の研究』明治書院
ヴィシネフスキー・ニコライ著、小山内道子訳（2005）『オタス　サハリン北方少数民族の近代史』北海道大学大学院文学研究科
北海道立北方民族博物館（1997）「展示解説　樺太1905―1945―日本領時代の少数民族―」『第十二回特別展　樺太1905―1945―日本領時代の少数民族―』北海道立北方民族博物館
潤潟久治（1981）『ウイルタ語辞典』網走市北方民俗文化保存協会
宮岡伯人編（1996）『言語人類学を学ぶ人のために』世界思想社
山本祐弘（1968）『北方自然民族民話集成』相模書房
李炳律（2008）『サハリンに生きた朝鮮人―ディアスポラ・私の回想記』北海道新聞社
Asahi, Yoshiyuki. (2005) 'The Status of Japanese Language in the Sakhalin Island in Russia.' *Journal of Social Science of Jiamusi University*, People's Republic of China.
Asahi, Yoshiyuki (2006) *On the remnant of Japanese in Sakhalin Island*. 21st century COE program Interface Humanities Research Activities, Toyonaka : Osaka University.
Asahi, Yoshiyuki. (2007) Endangerment of Japanese in Japanese Diaspora : Evidence from a Russian Island of Sakhalin. *Proceedings of the FEL XI Eleventh conference of the foundation for the endangered languages*, 154-160, Kuala Lumpur : University of Malaya Press.
Asahi, Yoshiyuki. (2008) 'Endangered Languages and Japanese Language Education in Sakhalin' Proceedings of the FEL XII Twelfth conference of the foundation for the

endangered languages, 63-70, Leeuwarden : Fryske Academy.

Asahi, Yoshiyuki. (2009) 'Linguistic features of a Japanese Variety in a Japanese Diaspora : An evidence from a Sakhalin Japanese speaker of Uilta.' *Linguistic world of Sakhalin*. Sapporo : Hokkaido University Press, pp. 27-40.

Asahi, Yoshiyuki. (2010) 'On the relationship of two Japanese regional koines : evidence from pitch-accent patterns in Karafuto and Hokkaido Japanese.' *Bamberg University Studies in English Linguistics*, 54, 321-330.

Austerlitz, Robert. (1993) Animal Taxonomy and sample analyses (insects). In Kyoko Murasaki (ed.) *Ethnic minorities in Sakhalin*. Yokohama National University, pp. 33-48.

Bigelow, Poultney. (1923) *Japan and her colonies*. London : Edward Arnold.

Burykin, Alexis. (translated by Wurm, Stephen) (1996) 'Ethnic composition of the population, ethno-cultural contacts and languages of interethnic communication in the northeast of the Asian coastal areas of the Pacific Ocean.' In Wurm, Mühlhäusler, Tryon (eds.) *Documentation in Linguistics 13 'Atlas of Language of Intercultural Communication in the Pacific, Asia and the Americas*. Amsterdam : Mouton de Gruyter, pp. 989-995.

de Graaf, Tjeerd. (1992)' The ethnolinguistic situation on the island of Sakhalin.' *Circumpolar Journal*, vol. 6.

Gruzdeva, Ekaterina J. (translated by Wurm, S.A.) (1996) 'The linguistic situation on Sakhalin Island. In Wurm, Mühlhäusler, Tryon (eds.) *Documentation in Linguistics 13 'Atlas of Language of Intercultural Communication in the Pacific, Asia and the Americas*. Amsterdam : Mouton de Gruyter, pp. 1007-1011.

Inoue, Koichi. (1993) Uilta and their reindeer herding. In Kyoko Murasaki (ed.) *Ethnic minorities in Sakhalin*. Yokohama National University, pp. 105-128.

Kastanov, Alexander. (2002) *Yuzhno-Sakhalinsk three colors of time*. Pacific Russia-XXI Century.

Milroy, Lesley. (1987) Observing and analysing natural language. Oxford : Blackwell.

Milroy, Lesley and Gordon, Matthew. (2003) Sociolinguistics : method and interpretation. Oxford : Blackwell.

Mosel, Ulrike. (2006) Fieldwork and community language work. Jost Gippert,

Mühlhäusler, Peter. and Rachel. Trew (1996) Japanese Language in the Pacific. In Wurm, Mühlhäusler, Tryon (eds.) *Documentation in Linguistics 13 'Atlas of Language of Intercultural Communication in the Pacific, Asia and the Americas*. Amsterdam : Mouton de Gruyter, pp. 373-399.

Nikolaus Himmelmann, and Ulrike Mosel (eds.) Essentials of Language Documentation. Berlin : Mouton de Gruyter, pp. 67-85.

Ramsey, Robert. (1993) A preliminary report on Sakhalin Korean. In Kyoko Murasaki (ed.) *Ethnic minorities in Sakhalin*. Yokohama National University, pp. 49-64.

Wurm, Stephen (1992) 'Some contact languages and pidgin and creole languages in the Siberian region.' *Language Sciences*, 17 (3), pp. 249-285.

Wurm, Stephen (1996a) 'Indigenous lingue franche and bilingualism in Siberia (beginning of the 20th century).' In Wurm, Mühlhäusler, Tryon (eds.) *Documentation in Linguistics 13 'Atlas of Language of Intercultural Communication in the Pacific, Asia and the Americas*. Amsterdam : Mouton de Gruyter, pp. 975-978.

Wurm, Stephen (1996b) 'Some lingue franche and pidgins in North Siberian and North Pacific areas at the beginning of the 20th century. In Wurm, Mühlhäusler, Tryon (eds.) *Documentation in Linguistics 13 'Atlas of Language of Intercultural Communication in the Pacific, Asia and the Americas*. Amsterdam : Mouton de Gruyter, pp. 979-998.

2002 All-Russia Population Census (2002) website http : //www.perepis2002.ru/index.html

索　引

あ行

アイヌ語 …………………15, 20, 24, 32, 65
アイヌ人 ……………………9, 18, 19, 53, 76
アクセント ………………………………54, 95
アコモデーション …………………104, 105
アスペクト表現 ……………………………58
家の光 ………………………………………115
一型音調 ……………………………………55, 96
一般書 ………………………………………50
イとエの混同 ………………………………56
ウイルタ語 ……………………9, 15, 39, 75
ウイルタ人 ……9, 20, 53, 65, 76, 78, 95, 96
ウクライナ語 ………………………………15
ウクライナ人 ………………………………14
エヴェンキ語 ………………………………15
恵須取 ………………………………………27
NPO日本サハリン同胞交流協会 ……113
沿海州 …………………………………13, 18
オタスの杜 …………………31, 67, 71, 73, 78
オホーツク海 ………………………………84
音声 …………………………………………56
音声資料 ……………………………………50
音声ファイル ………………………………48

か行

カールン ……………………………………76
海岸部方言 …………………………………103
海上交易 ………………………………83, 84
外部の人 ………………………………41, 43
書き方 ………………………………………73
カ行・タ行子音の有声化 …………………56
格助詞「サ」の使用 ………………………57
可能の「ーニイイ」…………………………58
樺太アイヌ …………………………………121
樺太アイヌ語 ………………………………9
樺太ことば …………………………………59
樺太施行法律特例改正 ………………31, 73

樺太新聞 ……………………………………33
樺太千島交換条約 …………………………25
樺太統計書 …………………………………27
樺太日日新聞 ………………………………115
樺太年鑑 ……………………………………71
樺太方言 …………………………9, 29, 53, 103
カルチャーセンター ………………………128
川村秀弥 ……………………………………73
韓国語教室 …………………………………118
危機言語 ……………………37, 39, 50, 110
教科書 ………………………………………49
漁場請負人 …………………………………69
漁撈語彙 ……………………83, 86, 91, 128
形態 …………………………………………57
言語維持 ……………………………………122
言語継承 ……………………………………49
言語情報 ……………………………………37
言語資料 ……………………………………50
言語接触 ……………………………………128
言語接触史 ……………………………17, 127
言語接触場面 ………………………………84
言語的特徴 …………………………………128
言語転移 ……………………………………47
言語の記述 …………………………………38
言語の死 ……………………………………40
言語のバラエティ …………………………38
言語のるつぼ ………………………………65
言語復興 ……………………………………122
言語摩滅 ……………………………………129
語彙 …………………………………………59
公的な機関 …………………………………44
皇民化教育 …………………………………124
公用語 ………………………………………47
コード切り替え ………………………47, 62
コーパス ……………………………………48
国語 …………………………………………73
コミュニティ ………………………………40

さ行

財団法人……………………………128
作業科………………………………73
サクラ読本…………………………115
佐知…………………………………79
サハリンエナジー社………………50, 121
サハリン韓国人文化センター………118
サハリンへの漁場出稼ぎ……………69
算術…………………………………73
サンタン交易………………………21, 84
サンスランシスコ条約………………33
敷香（現ポロナイスク）……27, 65, 66, 128
敷香教育所…………………31, 71, 75, 96
敷香支庁……………………………67
自然習得……………………………53
自然談話収集調査…………………98
自然談話資料………………………53, 102
実業科………………………………73
下田条約……………………………25
地元の自治体………………………49
社会言語学的能力…………………95
市役所………………………………44
シャム勘定…………………………92
集計結果表…………………………50
手工…………………………………73
唱歌…………………………………73
使用日本人漁夫…………………69, 70, 87
新高麗………………………………34
新生命………………………………33
水産実習……………………………73
推量・意志の「べ」…………………57
接触方言……………………………9, 53

た行

タグ付け……………………………48
単一言語教育………………………124
単語リストの読み上げ調査…………97
単純借用……………………………79
地域共通語…………………………47
チとツの交替………………………57
中国…………………………………21

調査票………………………………50
朝鮮学校……………………………128
朝鮮語………………………9, 15, 34, 47
朝鮮語新聞…………………………117
朝鮮人………………………9, 14, 53, 129
朝鮮人学校…………………………34
出稼ぎ漁夫…………………………92
D・ゲンダーヌ………………………31
東北方言……………………………59
土語…………………………………74
土人教育……………………………30
土人教育所…………………………30, 31
豊原…………………………………27
トンチ………………………………19

な行

内部の人……………………………43
内陸方言……………………………103
ニヴフ語………9, 15, 20, 22, 23, 24, 39, 75
ニヴフ人………………9, 19, 53, 65, 76, 78, 96
二拍名詞……………………………95, 102
日本…………………………………21
日本語………………………15, 26, 32, 47, 96
日本語樺太方言……………………40, 128, 129
日本語教育…………………………32, 53
日本語新聞…………………………33
日本人………………………………26
日本人漁場主………………………69, 87
日本人漁夫…………………………87
日本名………………………………71, 76
人称代名詞…………………………58
農業…………………………………73

は行

博物館………………………………44, 49
ハナハト読本………………………115
ハラ…………………………………76
パラ言語情報………………………46
非言語情報…………………………46
ピジン………………………………26
ピジン日本語………………………88
鼻濁音［ŋ］の使用…………………57

ヒトシの混同……………………56	民間の団体……………………44
平山輝男………………………96	民族学校………………………44
フィールドワーカー……………41	民族語…………………………47
フィールドワーク………………38	民族語教育………………49, 109
文化財………………………40, 43	民族団体………………………44

や行

ペレストロイカ………………117	
ポーツマス条約…………………27	ヤクート人……………………65
ポーランド語……………………15	役場……………………………44
北鮮の言葉……………………118	ヤンシュウ……………………87
北海道……………………………18	ユジノサハリンスク……………15
北海道共通語……………………29	

ら行

北海道方言………………9, 59, 103	
ボランティア団体………………44	ラジオ番組……………………122
ポーランド人……………………32	リンガフランカ……………22, 24, 32

ま行

	録画資料……………………48, 50
真岡………………………………27	ロシア…………………………21
マスコミ…………………………49	ロシア語………………15, 33, 47
マスメディア……………44, 128	ロシア人……………14, 32, 111
松前藩…………………………23, 69	ロシア帝国第1回国勢調査……25
満州語……………………………23	ロシア連邦国勢調査……………14
南樺太……………………………27	

著者
朝日　祥之（ASAHI, Yoshiyuki）
国立国語研究所准教授。大阪大学大学院修了。博士（文学、大阪大学）。主著に『ニュータウン言葉の形成過程に関する社会言語学的研究』（ひつじ書房）、『社会言語学図集―日本語・中国語・英語解説―』（共編、秋山書店）、『言語の接触と混交―サハリンにおける日本語の残存』（担当、大阪大学21世紀COEプログラム「インターフェイスの人文学」報告書）など。

監修
真田　信治（SANADA, Shinji）
大阪大学名誉教授／奈良大学教授。東北大学大学院修了。文学博士（大阪大学）。主著に『日本の多言語社会』（共編、岩波書店）、『方言学』（編著、朝倉書店）、『越境した日本語―話者の「語り」から―』（和泉書院）など。

海外の日本語シリーズ3
サハリンに残された日本語樺太方言

平成24年10月25日　初版発行

著　者　朝日祥之
監　修　真田信治
発行者　株式会社　明治書院
　　　　代表者　三樹　敏
印刷者　亜細亜印刷株式会社
　　　　代表者　藤森英夫
製本者　亜細亜印刷株式会社
　　　　代表者　藤森英夫

発行所　株式会社　明治書院
　　　　〒169-0072
　　　　東京都新宿区大久保1-1-7
　　　　電話　03-5292-0117
　　　　振替　00130-7-4991

装　丁　美柑和俊　[MIKAN-DESIGN]

©Yoshiyuki Asahi 2012
Printed in Japan
ISBN 978-4-625-43450-1

表紙写真　北海道立北方民族博物館蔵